Verena Kast

Vertrauen braucht Mut

Was Zusammenhalt gibt

Patmos Verlag

VERLAGSGRUPPE PATMOS

PATMOS
ESCHBACH
GRÜNEWALD
THORBECKE
SCHWABEN
VER SACRUM

Die Verlagsgruppe
mit Sinn für das Leben

MIX
Papier | Fördert gute Waldnutzung
FSC www.fsc.org FSC® C014496

Klimaneutral
Druckprodukt
ClimatePartner.com/14549-2003-1001

Die Verlagsgruppe Patmos ist sich ihrer Verantwortung gegenüber unserer Umwelt bewusst. Wir folgen dem Prinzip der Nachhaltigkeit und streben den Einklang von wirtschaftlicher Entwicklung, sozialer Sicherheit und Erhaltung unserer natürlichen Lebensgrundlagen an. Näheres zur Nachhaltigkeitsstrategie der Verlagsgruppe Patmos auf unserer Website www.verlagsgruppe-patmos.de/nachhaltig-gut-leben

Bibliografische Information der Deutschen Nationalbibliothek
Die Deutsche Nationalbibliothek verzeichnet diese Publikation in der Deutschen Nationalbibliografie; detaillierte bibliografische Daten sind im Internet über http://dnb.d-nb.de abrufbar.

2. Auflage 2022

Verlagsgruppe Patmos in der Schwabenverlag AG, Ostfildern
www.verlagsgruppe-patmos.de

Umschlaggestaltung: Finken & Bumiller, Stuttgart
Satz: Schwabenverlag AG, Ostfildern
Druck: GGP Media GmbH, Pößneck
Hergestellt in Deutschland
ISBN 978-3-8436-1343-9

Inhalt

Vorwort

Wenn ich mich auf das Wasser lege, dann trägt es mich. Zweifle ich daran, dann trägt es nicht mehr, dann muss ich schwimmen. Vertrauen gibt uns eine Grundsicherheit im Leben, ein Gefühl von Gehaltensein – und wenn das Vertrauen missbraucht oder einem nicht vertrauenswürdigen Menschen gegeben wird, dann stürzen wir ab. Es ist ein Risiko zu vertrauen – aber auch eine Notwendigkeit. Wie sollten wir miteinander leben, wenn wir uns nicht zum Vertrauen entschließen könnten? Aber in einer Zeit mit so viel Fake News und mit notwendigem Faktenchecken, ist es da nicht naiv zu vertrauen? Ist da nicht mehr Misstrauen angesagt? Und was ist die Folge davon? Vertrauen steht vielleicht immer auf dem Prüfstand, aber in der heutigen Zeit angesichts der Pandemie mehr denn je.

Vertrauen ist ein grundlegendes Thema für das menschliche Miteinander, wohl auch entscheidend dafür, ob wir miteinander große Herausforderungen meistern können. Deshalb war es mir auch wichtig, über vertrauensfördernde Aspekte nachzudenken. Das vorliegende Buch ist aus einer Online-Vorlesung auf der Tagung der Internationalen Gesellschaft für Tiefenpsychologie (IGT) 2020 entstanden. Die spontane Art mündlicher Formulierung wurde beibehalten.

Ich danke meiner Lektorin, Dr. Christiane Neuen, für den Vorschlag zur Publikation und für die wie immer sehr angenehme, anregende Zusammenarbeit.

I. Vertrauen und Misstrauen als Grundhaltungen

Manchen Menschen vertrauen wir einfach, anderen misstrauen wir – oder wir versuchen, das anfängliche Misstrauen zu überwinden. Wir vertrauen auch der Technik, unseren Regierungen, unseren Medikamenten – oder eben: wir misstrauen. Manchmal sind wir zu vertrauensvoll, und dann werden wir mit einer unschönen Realität konfrontiert, manchmal sind wir zu misstrauisch und spüren, wie wir auf uns selbst zurückgeworfen werden, aus unseren normalen vertrauensvollen Verbindungen, die wir sonst mit Menschen haben, herausfallen, uns unsicher fühlen, bedroht – nicht mehr aufgehoben.

Vertrauen und Misstrauen sind Grundhaltungen von uns Menschen – in den vielfältigen Beziehungen und Bezügen, in denen wir leben. Sie regeln unsere Beziehungen untereinander, und letztlich haben sie einen großen Einfluss darauf, ob wir glauben, anstehende Probleme, im Privaten, aber auch im öffentlichen Raum, lösen zu können – miteinander. Sie bestimmen darüber, wie wir die Zukunft antizipieren.

Das Thema Vertrauen und Misstrauen ist ein Thema, das unsere Existenz grundlegend beeinflusst. Das ist auch daran ersichtlich, dass es in vielen Fachrichtungen untersucht wird. In der Psychologie natürlich im Zusammenhang mit Angst, mit Hoffnung, mit Zuversicht. In der Soziologie verknüpft zum Beispiel mit der Frage, ob mit der Betonung der Autonomie Vertrauen beschädigt wird. Vertrauen und Misstrauen wird behandelt in der Philosophie, in der Theologie, in der Literatur. Es ist eine existenzielle Fragestellung: Sie betrifft unser Miteinander und unseren Umgang mit der Angst und unserer Verletzlichkeit. Wir sind auch mutig, aber wenn es um Vertrauen und Misstrauen geht, geht es um Verletzlichkeit und um die Hoffnung, mit dieser Verletzlichkeit umgehen zu können, sich das Vertrauen bewahren zu können, geht es darum, dass andere unsere Verletzlichkeit nicht missbrauchen, was sie könnten, wenn wir vertrauen.

Vertrauen und Misstrauen vereinfachen das Leben

Vertrauen und Misstrauen reduzieren Komplexität. Auch wenn wir versuchen, einen Überblick über das eigene Leben zu haben – schwieriger noch über unser Leben in der Zivilgesellschaft, in der Politik –: Wir werden immer an unsere Grenzen unseres Wissens und unserer Möglichkeiten kommen – und wir werden vertrauen müssen. Steigen wir in einen Zug ein, so vertrauen wir, dass der Lokführer – oder die Elektronik – den Zug sicher zum nächsten Bahnhof bringen wird. Müssten wir alle dabei bestehenden Komponenten nachprüfen, würden wir den Zug nicht mehr benutzen können. Wir vertrauen und wir haben auch Erfahrungswerte für dieses unser Vertrauen. Implizites Vertrauen kann man nicht wirklich prüfen, es ist einfach vorhanden. Und in dieses Netz des Vertrauens ist man selbst eingebettet – auch als ein vertrauenswürdiges Individuum –, und das reduziert Angst. Unsere Routinen, die von implizitem Vertrauen getragen sind, reduzieren viele unserer unbewussten Ängste.

Aber auch das Misstrauen reduziert Komplexität: Gehe ich davon aus, dass die meisten Menschen mir schaden wollen, dann muss ich nicht mehr lange über die Beweggründe von Handlungen von Menschen, mit denen ich es zu tun habe, nachdenken, denn ich bin davon überzeugt, dass sie mir schaden werden. Es geht dann nur noch um das Wie dieses Schädigens und um den eigenen Schutz.

Misstrauen

Vertrauen und Misstrauen gehen oft ineinander über. Beide minimieren Komplexität, und Vertrauen ist nicht immer besser als Misstrauen. Misstrauen kann in einer Situation angebracht und angemessen sein, und müsste angesprochen werden. Wir zweifeln dann daran, dass wir vertrauen können. Der Zweifel ruft zur Reflexion auf: Wir sind dann wenigstens nicht einfältig, und wir haben gespürt, dass etwas nicht stimmt, und diese Gefühle sind ernst zu nehmen.

Ein Beispiel: Sie arbeiten sehr gut zusammen in einem Team, sie vertrauen einander fast blind und lassen einander große Freiheiten. Aber plötzlich sind Sie etwas irritiert über einige Aussagen, die Sie, etwas misstrauisch geworden, so interpretieren, dass der Teamgeist in eine Richtung geht, die Ihnen nicht gefällt. Da nehmen sich einige zu viele Freiheiten heraus. Solange dieses aufkeimende Misstrauen angesprochen wird, kann dies zu einer guten Klärung einer Situation führen und kann sehr wichtig sein: Man hatte sich einfach angewöhnt, einander zu vertrauen, und das Misstrauen schärft wieder den Blick für die Beziehung, hilft allen, sich wieder neu zu orientieren. Schwelt das Misstrauen aber untergründig, stört das die Arbeitsatmosphäre. Misstrauisch beginnt man sich zu beäugen, vermutet Destruktives hinter allen möglichen Aktionen, ist nicht mehr bereit, zunächst wohlwollend die Aktionen zu prüfen.

Vertrauen kann leicht in Misstrauen umschlagen; es gibt eine Schwelle, an der dies geschieht: Gerade noch haben wir vertraut, dann sind wir irritiert von einem Verhalten, das nicht zum Vertrauen passen will, und es ist – auch wenn die Situation angesprochen wird – schwierig, vom Misstrauen wieder zum Vertrauen zurückzufinden. Im besten Fall lernt man etwas daraus: Hat man zu naiv vertraut, sieht man alles zu positiv, rechnet man nicht mit der Bosheit der Mitmenschen? Man muss nicht grundsätzlich misstrauisch werden. Dennoch: Vertrauen kann missbraucht werden. Sind wir aber misstrauisch, werden wir nie herausfinden, ob wir eigentlich hätten vertrauen können, ob das Leben hätte besser sein können.

Es ist genauso falsch, immer zu vertrauen, wie es falsch ist, immer zu misstrauen. Gerade weil so vieles unsicher ist in unserer Welt, nicht durchschaubar, auch schon ohne Pandemie, ist es sinnvoll, scheinbar Gegebenes auch konstruktiv zu hinterfragen. Es gibt durchaus ein gesundes Misstrauen, das man dann vielleicht eher Skepsis nennen sollte. Viel öfter begegnen wir jedoch dem destruktiven Misstrauen, einem Misstrauen, das primär zerstören will. Das destruktive Misstrauen führt zu einer Spaltung zwischen den vermeintlich Wissenden, den Misstrauischen, und „den anderen", den vermeintlich Unwissenden. Verbundenheit besteht nur unter denen, die die gleiche Geschichte des Misstrauens miteinander teilen. Zwischen diesen beiden Gruppierungen besteht keine Verbundenheit und eben kein Vertrauen, sondern Misstrauen. Verbundenheit beruht auf Vertrauen, und Vertrauen bewirkt Verbundenheit.

Wenn Vertrauen bröckelt, bemühen wir anstelle des Vertrauens Autoritäten, machen Gesetze, Verträge. Kein Handschlag mehr. Viel Geschriebenes. Das ist kostspielig; es kostet viel weniger, wenn man sich einfach vertraut und riskiert, dass das Vertrauen nicht immer angebracht ist. Und die zunehmende Kontrolle wird kompliziert – denken wir daran, wie wir immer mehr Zeit in administrative Belange, in Beschreibungen von Prozessen und anschließend in Evaluationen investieren müssen, um zu belegen, dass wir etwas Vernünftiges gemacht haben. Und weil wir nicht mehr vertrauen, fordern wir Transparenz.

An sich erwarten wir natürlich immer noch Aufrichtigkeit, aber heute auch Transparenz. Das ist ein kritischer Begriff: Transparenz bedeutet, dass wir alles „durchsichtig" machen müssen, nachvollziehbar, und das ist ja nicht schlecht. Aber: Diese Forderung bewirkt, dass wir im Namen der Transparenz immer mehr Dokumentationspflichten haben, was dazu führen soll, dass wir einander vertrauen, weil wir sehen, was andere gemacht haben. Aber kann man es nicht auch umgekehrt sehen? Weil wir einander nicht mehr vertrauen, müssen wir alles transparent machen. Und manchmal wäre zu vertrauen wirklich einfacher, gäbe es weniger Bürokratie, man hätte wieder mehr Zeit für Wesentliches. Und: Wer betrügen will, wird das auch transparent vertuschen können.[1]

Die Bedeutung von Vorstellungen

Vertrauen und Misstrauen sind auf die Zukunft bezogen – die Zukunft nehmen wir in unseren Vorstellungen vorweg. Wir stellen uns vor, dass wir vertrauensvoll mit jemandem ein Problem lösen, oder aber wir stellen uns vor, wie jemand uns schaden wird. Wir freuen uns auf eine Situation und malen sie uns so aus, dass wir so ganz und gar zufrieden sein können. Oder aber wir haben Imaginationen der Befürchtung, stellen uns vor, wie ein nächster Lockdown den kreativen Freundinnen und Freunden ihre neuen Ideen zum Scheitern bringen.

Die Vorstellungskraft, die Fähigkeit zum Imaginieren, ist für C. G. Jung fundamental.[2] Psychische Energie, psychisches Leben äußert sich in Form von Fantasien, von Imaginationen. Unsere Fantasien sind an der Schwelle zwischen Innenwelt und Außenwelt und sie sind uns oft nicht bewusst.

Woran haben Sie jetzt gerade gedacht? Was ist Ihnen durch den Sinn gegangen? Ein Bild? Eine Idee, etwas, das Sie nicht vergessen dürfen? Wenn wir uns die Fantasien vergegenwärtigen, dann nennen wir sie Imaginationen.

Vorstellungen, Imaginationen sind fundamental für unser Selbstverständnis und unser Leben. Stellen Sie sich vor, was uns alles im Leben fehlen würde, hätten wir keine Vorstellungskraft! Es gäbe keine Geschichten, keine Kunst, keine Musik. Vor allem aber könnten wir uns nicht in andere Menschen einfühlen, nicht ihren Gesichtspunkt übernehmen – wir hätten keine Beziehungen. Und wir könnten uns auch nicht vorstellen, wie es wäre, wenn wir keine Vorstellungen hätten. Wir wären auf jeden Fall nicht die Menschen, die wir jetzt sind.

Neurowissenschaftliche Forschungen zu Tagträumen, Fantasien, Imaginationen, zum Gedankenwandern, zum selbstgenerierten Denken sind in den letzten Jahren sprunghaft angestiegen.[3] Auch sie sind zu dem Schluss gekommen, dass unsere Fantasien sich um etwas ranken, das für uns wichtig ist, was uns emotional betrifft. Sie können eher bildhaft sein oder eher auditiv-gedanklich, und sie können uns helfen, die Zukunft zu gestalten, Vertrauen in die Zukunft zu gewinnen. Es geht dabei nicht nur um die Vorstellungen, sondern auch um die Träume. Eine neuere Untersuchung legt nahe, dass im Traum für die Emotionsregulierung im Alltag geübt wird: Sterpenich et al. weisen nach, dass Menschen, die von mehr angstbezogenen Emotionen in Träumen berichten, die Angstgefühle im Wachen besser kontrollieren können.[4]

Unsere Vorstellungen entscheiden aber auch generell darüber, ob wir einer Situation vertrauensvoll oder eher misstrauisch begegnen; unsere Vorstellungen stehen hinter den Haltungen, die wir einnehmen. In unseren Vorstellungen bilden sich unsere Erwartungen ab. Ein Vertrauensbruch, den wir uns in seiner ganzen Lebendigkeit vorstellen, wirkt mindestens so verstörend wie ein tatsächlicher Vertrauensbruch.

Unsere Vorstellungen haben auch einen wichtigen Einfluss darauf, wie wir mit der Bedrohung durch die Corona-Pandemie umgehen.

Grundsätzlich ist unser Verhältnis zur Wirklichkeit von meist unbewussten Vorstellungen von Vertrauen und Misstrauen geprägt – sie bestimmen die Atmosphäre, in der wir leben.

Vertrauen – da erwarten wir eine gute Resonanz. Wir sind offen, wir möchten den anderen in irgendeiner Weise berühren und berührt werden. Wir sehen zuversichtlich der Zukunft entgegen. Bei Misstrauen schotten wir uns ab, schützen uns, werden möglicherweise auch ärgerlich, aggressiv. Die Zukunft sehen wir dann unter dem Aspekt, dass alles nur immer noch schlimmer werden wird.

Die Herausforderung durch die Corona-Pandemie

Unser Vertrauen in unser gewohntes Leben, in die Wirtschaft, in die ökologische Situation ist natürlich schon länger auf dem Prüfstand: Zygmunt Bauman, ein Soziologe, der 2017 gestorben ist, beklagt in seinem letzten, posthum herausgegebenen Werk, *Retrotopia*[5], dass das Vertrauen an eine bessere Zukunft ersetzt wird durch die Hinwendung zur Vergangenheit mit all den schwierigen Situationen, in denen Menschen sich abschotten, nur die Vergangenheit verherrlichen, sich nicht mehr miteinander zusammensetzen, um freudig die Zukunft zu gestalten.[6]

Die Corona-Pandemie setzt aber nun sowohl die Fähigkeit zum Vertrauen als auch zum Misstrauen in nicht geahnter Weise auf den Prüfstand. Wie schon gesagt: Vertrauen und Misstrauen reduzieren Komplexität. Wir Menschen wollen die Welt verstehen. Wir möchten Übersicht haben, damit wir vernünftig reagieren können. Nun können wir sehr vieles in unserer Welt und in unserem Leben auch in normalen Zeiten nicht oder nicht hinreichend verstehen. Und da, wo etwas unverständlich ist, uns mit Unsicherheit, Ungewissheit zurücklässt, da reagieren wir mit Angst. Mit dieser Angst des Nichtwissens müssen wir leben, aber wir versuchen natürlich auch, sie zu reduzieren, indem wir uns um Verständnis bemühen, uns miteinander austauschen, Ideen entwickeln, die einen Überblick verschaffen, manchmal auch einen nur vermeintlichen Überblick. Das schafft Vertrauen und reduziert auch unsere Angst. Dadurch wächst aber unser Handlungspotenzial; und mit unserem Handlungspotenzial wächst auch wiederum unser Vertrauen. Wenn wir misstrauisch sind, haben wir auch den Eindruck, wir hätten Übersicht. Wir haben sogar sehr schnell eine Vorstellung davon, was oder wer hinter unserer Angst steckt. Aber diese Übersicht ist eine im Dienste des Sich-Abschottens und der Ablehnung. Sowohl Vertrauen als auch Misstrauen reduziert Angst: Mit

Vertrauen so, dass das Handlungspotenzial wächst, mit Misstrauen so, dass man sehr schnell zu einer vermeintlichen Eindeutigkeit kommt und der Handlungsraum eng wird. Man weiß zum Beispiel rasch, wer schuld an einer Situation ist und die Verantwortung dafür übernehmen sollte, sie aber natürlich nicht übernimmt: die Politik, die Wissenschaft, bestimmte politische Gruppierungen. In der Haltung des Misstrauens stellt sich schnell eine Eindeutigkeit ein, viel schneller, als wenn man vertrauensvoll mit der Angst umgeht, sich ihr stellt, Ideen entwickelt. Das Ergebnis der misstrauischen Haltung ist eine Eindeutigkeit von etwas, das man nicht haben will, man kann sich davon geradezu verfolgt und bedroht fühlen.

Wir sind also persönlich herausgefordert: Wie gehen wir oder wie gingen wir mit den durch die Pandemie ausgelösten Erschütterungen unseres Lebensgefühls um? Welchen Einfluss hat das auf unsere Beziehungen? Wie sind wir als Zivilgesellschaft damit umgegangen? Hat uns die gemeinsame Not zu mehr vertrauensvollen Beziehungen gebracht, hat sie die Gemeinschaft gestärkt? Ich schreibe dies im Sommer 2021, und da kann man etwas desillusioniert sagen: Im Frühjahr 2020 erlebten wir neue Gefühle des Zusammenstehens, miteinander wollten wir diese große Herausforderung meistern, und das tun wir ja noch immer. Zu Beginn der Pandemie spürte man viel Vertrauen zueinander, war erstaunt über die großen Anzeichen der Hilfsbereitschaft. Dies ist weniger geworden, wenn auch nicht verschwunden. Bekommen jetzt die Soziologen recht, die angemerkt haben, dass wir Menschen einen zu großen

Wert auf Autonomie legen, dass wir immer alles in Eigenregie lösen wollen, dass dadurch aber das Vertrauen untereinander erodiere? Vertrauen aber gilt als sozialer Kitt. Und jetzt in einer Situation, in der wir im hohen Maße aufeinander angewiesen sind, finden wir da zum Vertrauen zurück? Oder werden wir immer misstrauischer, werden die Verschwörungsnarrative immer mehr? Oder geben wir einfach auf? Macht sich eine unterschwellige Verzweiflung breit? Aufzugeben, insgeheim zu verzweifeln, das ist eigentlich der Gegensatz zu Vertrauen und auch zu Misstrauen. Wir wissen: Die Gefühle der größeren Verbundenheit der Menschen untereinander, der größeren Fürsorglichkeit, sind im Verlauf der Pandemie weniger geworden – sie sind nicht einfach verschwunden –, aber das Misstrauen und damit verbundene Verschwörungsnarrative sind sehr hörbar und spürbar geworden, und auch der Zwiespalt zwischen Geimpften und den Ungeimpften wird immer größer und die Spannungen immer aggressiver ausgetragen.

Die Selbstsorge

Eine Frage an uns selbst: Wie gehen und wie gingen wir mit uns selber um während der schwierigen Phasen der Pandemie? Wie mit dem Verlust von Vertrautem? Wie können, wie konnten wir für uns selber sorgen, damit wir trotz der Angst, trotz des Fehlens von uns lieb gewordenen Gewohnheiten, die uns normalerweise ein gutes Lebensgefühl geben, trotz Verzicht, trotz Trauer, immer noch spüren, dass wir trotz allem immer noch ein eigenes Leben leben? Sicher ein Leben im kleineren Maßstab, aber eines, das dennoch gestaltet werden konnte und kann, ein Leben, das auch ganz neue Fantasien wieder weckt, auch Mut zum Risiko: trotz Schicksal, Verzicht, Trauer.

Und wie war es mit dem Erleben von Vertrauen? Haben wir wieder mehr zum Dialog mit anderen Menschen zurückgefunden, haben wir gespürt, dass wir vertrauen wollen, dankbar sind für Hilfestellungen, oder kämpften wir mit dem Gefühl, vertrauen zu müssen und eigentlich nicht vertrauen zu können?

Als wir im Frühling 2020 eigentlich nur noch spazieren gehen durften, wurden mir die Wälder in der nahen Umgebung unendlich wichtig. Es waren vertraute Wege, die ich schon seit vielen Jahren beging. Aber diese Wege und die Wälder sind mir noch viel vertrauter geworden – ich habe die jahreszeitlichen Veränderungen noch nie so genau wahrgenommen –, diese Wälder sind mir sehr lieb geworden.

Das schien und scheint mir die Herausforderung zu sein:

- Wenn so viel Vertrautes wegbricht – was machen wir uns wie wieder vertraut?
- Wie haben wir zum Vertrauen gefunden?
- Wenn wir uns zum Vertrauen entscheiden, finden wir dann wieder einen Weg zu einem sichereren Lebensgefühl?
- Wir haben so viel Vertrautes verloren. Können wir uns Unvertrautes wieder vertraut machen? Oder Vertrautes bewusster wahrnehmen?

Die Corona-Pandemie: Anfrage an unser aller Vertrauen

In Bezug auf die Corona-Pandemie haben wir alle ein großes Nichtwissen: wir als Privatpersonen, aber auch die Verantwortlichen in Politik und Wissenschaft. Alle versuchen, die Problematik zu durchdringen. Die Wissenschaft bemüht sich sichtbar um Wissen, aber dieses Wissen wird von ihr auch immer wieder revidiert, wie es sich für gute Wissenschaft gehört – nur beruhigt das nicht die Angst. Angst ist das vorherrschende Gefühl: Wir wissen nicht, wie lange die Pandemie dauert, wir wissen nicht, ob wir infiziert werden, ob wir sterben werden, ob nahe Menschen sterben werden. Wir müssen auf vieles verzichten, und viel Vertrautes aus unserem „gewohnten" Leben schwindet. Vertrautes ist etwas, das unhinterfragt des Vertrauens würdig ist. Dieses Verschwinden von Vertrautem ist etwas, das uns sehr schwerfällt. Im Vertrauten fühlt man sich selbstverständlich geborgen. Corona fordert uns in verschiedener Hinsicht entschieden heraus: Wir hatten ja eigentlich das Schicksal abgeschafft. Statt des Schicksals – so Odo Marquard – haben wir uns zu „Machsal" entschieden,[7] was heißt: Wir erleben das, was uns zustößt, als empörend, denn wir „machen" ja unser Leben. Aber jetzt stößt uns etwas zu, mit dem wir vorerst nicht zurechtkommen und wo wir sehr wenig „machen" können.

Und wir müssen verzichten. Wir sind darin nicht so gut, die meisten von uns etwas ungeübt. Gesellschaftlich gesehen haben die aktuell lebenden Generationen auf sehr wenig verzichten müssen. Wenn der Verzicht uns wehtut, dann müssten wir trauern. Wir Menschen trauern, wenn wir etwas verloren haben, das uns wichtig war, für uns einen großen Wert dargestellt hat. Das gilt auch, wenn der Verlust im Raum steht, wir etwas Wichtiges, auch gefühlsmäßig entscheidend Bedeutendes zu verlieren drohen. Wir trauern nicht nur, wenn wir einen uns wichtigen Menschen verlieren, sondern auch dann, wenn Dinge, Erfahrungen, die uns lieb gewesen sind, aus unserem Leben verschwinden. Und genau das erleben wir gegenwärtig: Selbstverständlichkeiten, Vertrautes verschwand am Anfang der Pandemie – für längere Zeit, und ist noch nicht wieder zurück.

Gefühle der Trauer, wie immer sie denn auch beim Einzelnen aussehen mögen, müssten zugelassen, wenn möglich auch mit anderen geteilt werden, vor allem aber nicht durch Wut abgewehrt werden. Das Verarbeiten von Verlusten braucht seine Zeit, macht aber auch wieder offen für die Zukunft, auch für eine möglicherweise andere Zukunft. Trauern findet auch über das Erinnern statt: Was vermissen wir? Hier helfen uns die Vorstellungen, und die werden auch geteilt, etwa wenn der Kollege erzählt: „Und dann waren wir doch alle zusammen auf diesem wunderschönen Konzert – es war ergreifend, begeisternd –, alle haben sich gefreut. Man hat einander noch gerochen – es war warm –, gespürt, und es war einfach lebendig. Das vermisse ich." Und während er vorstellungsbezogen erzählt, wird die Situation vor dem inneren Auge und Ohr wieder lebendig, das Ergreifende, Schöne, aber auch der Verlust: Das alles erleben wir jetzt nicht mehr. Gefühle der Wehmut tauchen auf – und dann der Nachsatz: „Wenn so etwas wieder möglich sein sollte, dann werde ich es sehr genießen." Man kann die leisen Bedenken nicht überhören, dennoch bringt die lebendige Erinnerung, die gefühlsmäßig präsent ist, auch wieder einen Blick in die Zukunft: Es kann wieder sein, anders vielleicht, aber es ist möglich.

Beim Trauern über den Tod eines geliebten Menschen kann uns zwar niemand die Erinnerung nehmen, aber die Zukunft wird eine andere sein, man selbst wird auch ein anderer oder eine andere sein. Aber das Vertrauen in den Fortgang des Lebens, das kann wiedergewonnen werden. Wir trauern im Moment um Vertrautes, das wir verloren haben oder von dem wir meinen, es zu verlieren.

Auch für uns selbstverständliche Grundüberzeugungen wurden durch Corona erschüttert, und das löst Angst aus. Vielleicht sprechen wir nicht von Angst, aber die meisten Menschen sagen von sich, sie fühlen sich in der Pandemie gestresster als sonst, und das hängt mit unserer Angst zusammen, die wir vor allem auch im Körper fühlen. „Selbstverständlichkeiten" ermöglichen uns eine Vertrautheit mit anderen, mit der Welt. Wir haben eine Vertrautheit mit unserem Körper und eine Vertrautheit mit dem Körper der anderen Menschen. Über den Körper nehmen wir Kontakt auf, begrüßen einander mit Körperkontakt in unserer gewohnten Weise. Wir fühlten uns zu Hause in dieser gemeinsam geteilten sinnlichen Welt. Das war uns alles selbstverständlich, und wir begannen darüber erst nachzudenken, als diese Selbstverständlichkeiten nicht mehr möglich waren, wir nicht mehr Kontakt aufnehmen konnten wie vor der Pandemie, der Körper eines anderen Menschen nicht primär Vertrautheit darstellt – sondern die Gefahr, angesteckt zu werden.

Diese Selbstverständlichkeiten wurden erschüttert – und werden es noch.

Eine der erschütterten Grundüberzeugungen war die, dass die Welt, so wie wir sie länger erlebt haben, einfach weiter fortbestehen wird, auch in Zukunft. Angesichts der ökologischen Krise kam diese Überzeugung schon etwas eher ins Wanken – haben wir diese Krise deshalb so gut verdrängt, weil wir es nicht aushalten zu denken, dass sich unsere vertraute Welt sehr verändern kann, eines Tages nicht mehr die ist, an die wir uns so schön gewöhnt haben?

Unser Vertrauen ist aber nicht nur erschüttert; noch haben wir ein basales Vertrauen in die Verlässlichkeit der sozialen Welt: dass wir miteinander diese große Bedrohung erfahren, dass wir einander auch beistehen können, dass wir füreinander verlässlich da sind. Aber eine selbstverständliche existenzielle Geborgenheit in dieser Welt ist in Frage gestellt. Wir erleben Unsicherheit, Ungewissheit; alltagspraktisch zeigt es sich darin, dass vieles nicht mehr planbar ist, weil wir einfach nicht wissen, wie es weitergeht. Und daran ändert auch nicht, dass wir mit Informationen überschüttet werden, diese auch zum Teil fast süchtig aufsaugen und uns dann darüber ärgern, dass sie sich immer wieder widersprechen.

Wir sind konfrontiert mit den Grenzen unserer Kontrolle und unseres Machens. Eine solche Grenzerfahrung gehört zum Leben, wir konnten sie nur lange ausblenden. Wir waren eigentlich sehr überzeugt davon, dass wir das Leben im Griff haben, dass wir das meiste kontrollieren können. Doch vieles im Leben ist einfach nicht unter Kontrolle zu bringen. Die hatten wir noch nie, auch im normalen Alltag nicht. Aber wir waren überzeugt, sie zu haben, und wenn nicht wir persönlich, dann der Staat, die Wissenschaft, die Politik.

Der Satz von Lenin „Vertrauen ist gut, Kontrolle ist besser" ist zu hinterfragen; auch wenn er zu einem geflügelten Wort geworden ist, muss er deshalb nicht richtig sein. Wann ist Vertrauen angesagt, wann Kontrolle? Das ist wohl die Frage, die aber in der realen Situation nicht leicht zu beantworten ist.

2. Grundvertrauen als archetypisches Vertrauen

Wir Menschen sind verletzlich, wir fühlen uns oft bedroht und wir ängstigen uns. Wenn wir uns ängstigen, helfen uns unsere Mitmenschen, auf die wir uns verlassen können. Mit einem verlässlichen Menschen an der Seite können wir Mut zur Angst entwickeln, können der Angst begegnen und gewinnen daraus auch eine Zuversicht, dass wir mit den Problemen umgehen können. Der Raum der Beziehung ist ein Raum der Möglichkeiten – ein Raum, in dem wir aufeinander einwirken, mit bewussten Überlegungen, aber auch mit unseren Emotionen, Stimmungen, mit unserem ganzen Personsein. Diesen Beziehungsraum gestalten wir miteinander, wenn wir uns aufeinander verlassen und einander auch vertrauen. Im Raum „dazwischen“, da ist Gestaltungskraft, da ist die Quelle der Zuversicht, da kann man Vertrauen in die schöpferische Veränderung des Lebens gewinnen. Vielleicht ergibt sich nicht gleich eine Lösung, aber man kann miteinander Vertrauen auf eine Lösung entwickeln.

Grundvertrauen versus Grundmisstrauen

Das Konzept „Grundvertrauen versus Grundmisstrauen“ wurde als erste Phase der psychischen Entwicklung zur Identität des Menschen von Erik Erikson beschrieben.[8] Unter Grundvertrauen versteht er ein Gefühl des Sich-verlassen-Könnens auf die Bezugspersonen. Dieses Grundvertrauen wird in und durch die Beziehung zu den Menschen entwickelt, die für das Baby und später für das Kleinkind zuverlässig da sind. Grundvertrauen versus Grundmisstrauen bedeutet aber auch, dass diese beiden Haltungen immer in einem Konflikt zueinander stehen. Kann dieser Konflikt gut gelöst werden, dann entsteht nach Erikson Hoffnung auf Zukunft. Für alle weiteren Reifungsstufen bleibt dieser Grundkonflikt und die Lösung davon die Basis. Die Beziehung, die zu einem Grundvertrauen führt, wird heute vor allem in der Bindungstheorie beforscht und beschrieben.

Meines Erachtens gibt es aber noch ein grundsätzlicheres, ein existenzielles Vertrauen ins Leben, etwas, das uns biologisch angeboren ist und das uns hilft, uns dem Leben anzuvertrauen, dem Leben, wie es halt so ist, zu vertrauen – und damit dann auch den anderen Menschen mit ihren Absichten, den Systemen, in denen wir leben. Dieses archetypische Vertrauen, ein Urvertrauen, bewirkt, dass wir – auch wenn unser alltägliches Vertrauen erschüttert wird – wieder zum Vertrauen zurückfinden, wieder Vertrauen zueinander aufbauen.

Archetypisches Vertrauen: ein Urvertrauen

Zum einen geht es auch hier wieder um unser implizites Vertrauen: Wir vertrauen unserer Nahrung, gehen davon aus, dass wir nicht gleich vergiftet werden, sind empört, wenn die Nahrung verunreinigt wird. Wir gehen aber auch davon aus, dass jemand weiterhilft, wenn es schwierig wird im persönlichen Leben, in einer Beziehung oder in einer Gruppe; dass jemand eine Idee hat, die weitere Ideen auslöst und so Lösungen generiert. Aktuell haben wir darauf vertraut und gehofft, dass irgendwann ein Impfstoff gegen die Pandemie vorhanden sein wird und der uns hilft, die Pandemie zu bewältigen. Einige Zeit wussten wir nicht, was das Resultat dieser aktiven Forschung sein würde – unterdessen sind schon viele von uns geimpft. Einige waren misstrauisch, einige blieben misstrauisch, einige wollen auf gar keinen Fall …

Das archetypische Vertrauen kennen wir aus den Märchen. Da ist eigentlich schon alles verloren, der Märchenheld soll zum Beispiel getötet werden, weil er alt und nutzlos ist wie der alte Esel bei den Bremer Stadtmusikanten, aber er sucht sich dennoch einen Weg ins Ungewisse, verbunden mit der Idee: „Etwas Besseres als den Tod findest du allemal.“[9] Dieses archetypische Vertrauen bewirkt, dass wir auch dann noch vertrauen, wenn wir, nüchtern besehen, keinen Anlass mehr dazu haben.

Wir können zwischen zwei Arten des Vertrauens unterscheiden: Es kann sich um ein durchgehendes Vertrauen handeln, das archetypische Vertrauen, um ein Vertrauen, das uns einfach trägt und zu unserem Lebendigsein gehört. Diese Form des Vertrauens hat eine Verbindung zur Hoffnung. Dieses uns meist unbewusste und nicht so leicht zu zerstörende Vertrauen unterscheiden wir von dem alltäglichen Vertrauen, dem dynamischen Vertrauen, das einmal mehr da ist, dann weniger, weil es enttäuscht wird, unverhofft aber auch wieder genährt wird, und zu dem man sich dann aber doch wiederum entschließt. Dynamisch wird es genannt, weil es sich rasch verändert.

Vertrauen und Hoffen

Das Urvertrauen, der Vertrauensurgrund, ist verbunden mit der Hoffnung. Man spricht von einer tragenden Hoffnung, die als eine Begleitemotion des Lebendigseins verstanden werden kann: Solange wir leben, hoffen wir noch „auf das Bessere“, und diese Hoffnung verlieren wir nicht („Noch am Grabe pflanzt er – die Hoffnung auf.“ Schiller).

Und dann gibt es die dynamische Hoffnung: Wir hoffen, wir verlieren die Hoffnung, sind wieder hoffnungsvoller gestimmt. Wenn wir hoffen, so denken, fühlen und handeln wir, als ob das, was ansteht, zu bewältigen ist und irgendwann zu einem guten Ende führt. Es mag schwierig sein, aber wir sind eigentlich der Ansicht, dass es zu bewältigen ist. Und auf diesem emotionalen Untergrund leben und handeln wir. Aktuell mögen wir die Hoffnung auch punktuell verlieren, aber diese grundlegende Hoffnung können wir nicht verlieren, sie gehört zu unserem Menschsein. Das können wir jetzt auch in der Pandemie wahrnehmen: Es muss doch wieder besser werden – davon sind wir überzeugt. Und danach handeln die meisten von uns auch. Auf diesem Hoffnungs- und Vertrauensgrund zu leben und zu handeln, ist eine große Ressource für die alltägliche Lebensbewältigung.

In der Geschichte der Philosophie gibt es verschiedene Bilder und Beschreibungen für die Hoffnung. Von Gabriel Marcel[10] wird Hoffnung als eine Emotion beschrieben, die uns dazu bringt, uns einem Licht zuzuwenden, das noch nicht sichtbar ist. Man „weiß", dass es ein Licht geben wird, man hat eine positive Erwartung. Es ist ein Vertrauen auf eine Wendung in der Zukunft, die zwar noch nicht sichtbar ist, aber bereits als glückhaft vorgestellt werden kann. Hoffnung erlaubt uns, das Unmögliche zu denken, wir können einen besseren Zustand fantasieren als den gegenwärtigen (Ernst Bloch).[11] Auch Bloch verbindet die Hoffnung mit dem Gebrauch der Vorstellungskraft, in dem Sinne, dass wir uns eine bessere Zukunft vorstellen können; Hoffnung ist bei ihm verbunden mit der Wertschätzung der Vorstellungskraft, dem Gebrauch der Fantasie.

Beziehen wir uns auf die Zukunft, dann gibt es nicht nur die Angst, die wir haben, weil alles so unübersichtlich ist, sondern auch die Hoffnung. Und von dieser Hoffnung ist unser Lebensgefühl unterlegt. Diese Hoffnung spürt man gerade dann, wenn wir meinen, jetzt gerade überhaupt keine Hoffnung mehr zu haben, wenn wir unter dem Eindruck stehen, unsere Hoffnung sei uns ganz und gar abhandengekommen und wir erwarteten gar nichts mehr vom Leben. Und dann lebt man trotzdem weiter, ernährt sich weiter, bewegt sich – irgendwann muss es doch besser werden. Diese Hoffnung als Urgrund ist mit unserem leiblichen Leben verbunden. Und diese Hoffnung ist auch verbunden mit dem an sich unbegründbaren Vertrauen, dass das Leben sich verbessern wird, dass das Leben auch in der Zukunft lebbar sein wird – wider besseres Wissen.[12]

Dieses Vertrauen und auch diese grundlegende Hoffnung sind nicht mehr wie früher notwendigerweise mit einer Jenseitshoffnung verbunden – das können sie natürlich sein –, sondern es ist eine existenzielle Grundgestimmtheit. Diese existenzielle Grundüberzeugung, dass man sich vertrauensvoll dem überlassen kann, was die Zukunft bringen mag, auch wenn es schwierig ist, hat wohl die Menschen dazu gebracht, sich ein Bild für einen Urheber oder eine Urheberin dieses Lebensgefühls zu machen. Mit der Hoffnung verbunden ist das Vertrauen, dass sich der Raum der Möglichkeiten wieder öffnet, dass es noch ein Licht gibt, das wir aber im Moment noch nicht sehen. Dieses Licht kann sich auch auf Vertrauen auf andere Menschen, auf „Anderes" beziehen, darauf, dass es „irgendwie" eine Lösung geben wird. Die Vorstellungen von etwas Besserem, die auf der Hoffnung gründen, sagen uns, wie etwas sein könnte, sein sollte, verweisen aber auch auf die Frage nach Sinn: Was könnte uns wieder Sinn erleben lassen? Von daher meine ich, dass Hoffnung zu haben bedeutet zu erleben, dass das Leben gut genug ist, dass wir es aber durch Nachdenken und Kreativität besser machen können, keinesfalls ideal, aber im Anblick von bestimmten Schwierigkeiten das jeweils Mögliche – und darauf vertrauen wir.

Diese grundlegende Hoffnung, die bewirkt, dass wir von der Geburt bis zum Tod hoffen, ist eine Begleitemotion des Lebendigseins, eine Begleitemotion des leiblichen Existierens und sie ist, mehr oder weniger wahrgenommen, verbunden mit dem Grundvertrauen.

Narrative des Vertrauens finden wir in Filmen, in Erzählungen der Weltliteratur, in den Geschichten der Bibel, zum Beispiel in Psalm 23, in Geschichten über das eigene Leben, die wir einander erzählen, wenn wir sie wahrnehmen und wertschätzen. Wir finden sie auch in den Märchen.

Märchen aktivieren archetypisches Vertrauen

Märchen sind Geschichten, die archetypisches Vertrauen in uns ansprechen. Wenn wir Märchen hören, besonders dann, wenn wir sie uns in unserer Vorstellung nahe holen, wenn wir sie nicht einfach nur als Information aufnehmen, sondern in ihre Bilderwelt eintauchen, dann werden wir uns auch in einem gewissen Maße mit der Haltung der Protagonisten und Protagonistinnen der Märchen identifizieren. Und eine Haltung, mit der wir uns deutlich identifizieren, ist die des Vertrauens. Vergegenwärtigen wir uns noch einmal den Esel aus „Die Bremer Stadtmusikanten". Als alter Esel, der keinen Nutzen mehr bringt, sollte er sterben. Das gedenkt er aber nicht zu tun. Er bringt vielmehr andere aussortierte Tiere dazu, mit ihm ein neues Leben zu suchen mit seinem vertrauensvollen Ausspruch: „Etwas Besseres als den Tod findest du überall ...."[13] Das ist archetypische Hoffnung, das ist archetypisches Vertrauen: etwas Besseres als den Tod lässt sich finden. In den Märchen brechen Märchenheldinnen und Märchenhelden immer aus einer Notsituation auf, in der Hoffnung und im Vertrauen auf etwas Neues – trotz aller Verzweiflung. Und im Notfall wollen sie lieber sterben, als weiter in der jeweils schrecklichen Situation zu bleiben. Eine solche Notsituation gibt es zum Beispiel im Grimm'schen Märchen „Allerleirauh“[14]. Allerleirauhs Mutter ist gestorben, und der Vater will seine Tochter heiraten. Das Mädchen versucht, auf verschiedene Weise sich diesem furchtbaren Schicksal zu entziehen. Als nichts hilft, bricht es auf, geht weg, weiß nicht wohin.

Wir wissen vom Fortgang der Märchen: Der Not wird dann abgeholfen, und das geschieht eben dadurch, dass die Märchenheldinnen und Märchenhelden die Not erkennen und aufbrechen, sich auf den Weg machen. Das gefühlsmäßige Erkennen der Not ist etwas sehr Wichtiges, das gibt den Impuls zum Aufbruch. Die Protagonistinnen und Protagonisten sind nicht von einer großen Hoffnung erfüllt, brechen also nicht auf mit der Intention, irgendwo König werden zu wollen, sondern es geht einfach nicht mehr anders: Sie machen sich auf und riskieren sogar ihr Leben. Die Probleme im Märchen entstehen dadurch, dass wichtige Lebensmöglichkeiten nicht mehr zugänglich sind. Wenn der alte König nicht abdanken will, dann verdrängt er eben, dass es einen Rhythmus des Lebens gibt, dem auch er sich unterziehen sollte. Tut er das nicht, dann fällt ihm – wie im Märchen „Die Frau, die auszog, ihren Mann zurückzuerobern“[15] – bei einem Spaziergang der Kot eines Adlers in die Augen und er wird blind. Jetzt hat er ein Problem, das er nicht mehr verdrängen kann, und dieses Problem wird gelöst, indem eine Entwicklung stattfindet. Märchenheldinnen und Märchenhelden holen ins Leben hinein, was ausgespart, überlebt, verdrängt oder eben noch nicht ins Dasein gebracht worden ist. Dadurch entwickeln sie sich, können in eine neue Beziehung eintreten; sind keine Dummlinge mehr, sondern attraktive Prinzen …

Die Märchenheldinnen und Märchenhelden stehen exemplarisch für Menschen, die sich immer wieder auf eine notwendige Wandlung einlassen, den Aufbruch wagen, aufs Leben vertrauen. Dabei werden ganz unspektakulär die Probleme gelöst – eines nach dem anderen, und oft wechseln sich Verzweiflung und Hoffnung ab. „Der Morgen ist weiser als der Abend"[16] – das ist Vertrauen auf den neuen Tag.

Die Märchenheldinnen und Märchenhelden gehen in einer bestimmten Haltung auf ihren Weg: Sie engagieren sich, kümmern sich: Es gibt Märchen, da gehen drei Brüder nacheinander in die Welt, etwa, um den Vogel zu finden, der dem König die goldenen Äpfel stiehlt.[17] Die beiden ältesten Brüder setzen sich nicht wirklich ein: Einer alten Frau, die am Wegrand sitzt und nach dem Woher und Wohin fragt, sagen sie, das gehe sie nichts an. Ihre Warnungen schlagen sie in den Wind. Sie gehen dann ins nächste Dorf in ein Wirtshaus, dort verprassen sie alles und sollen dann schließlich gehängt werden. Der Jüngste aber lässt sich auf die Fragen der Alten ein, teilt das Brot mit ihr, und ihm wird dann immer wieder in der Gestalt eines Fuchses geholfen.

Die Protagonisten und Protagonistinnen im Märchen tun alles, was in ihrer eigenen Macht liegt, und dann vertrauen sie darauf, dass ihnen Hilfe zuteilwird. Und die Hilfe ist oft ganz unspektakulär: Allerleirauh, nachdem sie von des Königs Hof geflohen ist, es in Strömen regnet und ein unheimliches Wetter gibt – ein Bild für die Unheimlichkeit der Situation und das Ausgesetztsein –, findet einen hohlen Baum, in dem sie schlafen kann. Das ist ein sehr schönes Imaginationsmotiv: ein hohler Baum, in dem man schlafen kann. Da findet sie Ruhe, da ist sie beschützt, da ist sie bei Mutter Natur. Das ist zwar keine großartige Lösung, aber eine gute Lösung für den Moment.

Der Teufel mit den drei goldenen Haaren

Es gibt Märchen, die das Thema des Vertrauens ins eigene Schicksal direkt thematisieren. Das Vertrauensmärchen schlechthin ist das Märchen „Der Teufel mit den drei goldenen Haaren“[18]. Einem armen Ehepaar wird ein Knabe mit einer Glückshaut (der Plazenta) über dem Gesicht geboren, er ist also ein Glückskind, dem im Leben alles gelingen wird, wie die Leute sagen. Und die präzisere Prophezeiung lautet, dass er die Königstochter heiraten und selbst König werden wird. Der König, den er einmal ersetzen soll, hört davon, kauft den Eltern das Kind ab, legt es in eine Schachtel, wirft diese in den Fluss und meint, er habe seiner Tochter diesen unliebsamen Freier erspart. Das Kind überlebt, wird bei einer Mühle angeschwemmt und gerettet. Die Müllersleute nehmen ihn an Kindes statt an.

Jahre später besucht der König zufällig die Mühle, sieht den unterdessen Jugendlichen, ahnt etwas und schickt ihn mit einem Brief zu seiner Frau, in dem steht, der Bote solle sofort bei Ankunft getötet werden. Um zur Königin zu gelangen, muss der Junge aber durch einen Wald gehen, verirrt sich und kommt zu einem Räuberhaus. Eine alte Frau warnt ihn vor den Räubern, die würden ihn töten, er aber sagt: „Mag kommen, wer will, ich fürchte mich nicht. Ich bin aber so müde, dass ich nicht weiter kann." Er legt sich auf eine Bank und schläft ein. Sich in einer solchen Situation schlafen zu legen, ist eine große Vertrauensgeste. Das Vertrauen entfaltet seine Wirkung. Natürlich wollen sich die Räuber auf ihn stürzen, aber die alte Frau setzt sich für ihn ein, erzählt, dass er der Königin einen Brief überbringen muss. Die Räuber interessieren sich sofort für diesen Brief und schreiben ihn um: Jetzt steht darin, er solle sofort mit der Tochter des Königs vermählt werden. Das geschieht dann auch, denn die Königstochter ist durchaus angetan von dem jungen Mann ... Natürlich trachtet der König danach, seinen Schwiegersohn loszuwerden. So soll er drei goldene Haare vom Teufel holen, was natürlich gefährlich ist, aber mit Hilfe der Ellermutter, des Teufels Großmutter, gelingt es ihm. Und zusammen mit den drei Haaren hat er auch vom Teufel eine List erfahren, mit der er den König schließlich loswird.

Dieser Märchenheld ist getragen von einem archetypischen Vertrauen.

Jorinde und Joringel[19]

Im Märchen „Jorinde und Joringel" bringt das Vertrauen auf einen Traum die alles entscheidende Lösung.

Jorinde und Joringel nähern sich in ihrer Verliebtheit allzu sehr dem Schloss einer Zauberin, obwohl sie wissen, dass diese die jungen Frauen in Nachtigallen verwandelt und die Männer dabei für einen Moment wie gelähmt werden, hilflos sind und nicht helfen können. Genau dies geschieht auch: Jorinde wird in eine Nachtigall verwandelt und alles Klagen und Bitten von Joringel nützt nichts, er bekommt seine Jorinde nicht zurück. Joringel ist traurig und hütet von nun an Schafe. Immer einmal geht er in gebührendem Abstand um das Schloss herum. Und dann, eines Nachts, hat er einen Traum. Er träumt, er findet eine rote Blume, in deren Zentrum eine Perle liegt. Mit dieser roten Blume geht er zum Schloss, und die Türen öffnen sich. Dieser Traum bringt Hoffnung auf eine Lösung des Problems. Am nächsten Morgen geht Joringel über Berg und Tal auf der Suche nach der roten Blume. Am Morgen des neunten Tages findet er eine rote Blume, in deren Mitte ein Tautropfen ist. Mit dieser Blume nähert er sich dem Schloss, und auch im Näherkommen wird er nicht gelähmt. Das Tor springt auf, und mit der Blume betritt er das Schloss. Die Zauberin will rasch noch einen bestimmten Käfig entfernen, doch Joringel kommt gerade noch rechtzeitig, berührt diesen Käfig und Jorinde steht wieder vor ihm. Schließlich bekommen alle von der Hexe in Nachtigallen verzauberten Jungfrauen wieder ihre menschliche Gestalt.

In diesem Märchen ist es der Traum, der eine Lösung bringt, und das Vertrauen darauf, dass die Lösung im Traum auch in der Realität zu finden ist, wobei Joringel verstehen muss, dass auch ein Tautropfen einer Perle entsprechen kann.

Unsere Träume handeln auch von dem, was uns beschäftigt, was im Moment emotional sehr wichtig ist, und wir können darauf vertrauen, dass aus den Träumen Anregungen zu Lösungen kommen, wenn wir uns lange genug damit beschäftigen.

Ich habe hier einige Märchen als Narrative, die Vertrauen stimulieren, angeführt. Stellt man sich die Märchen bildhaft vor und nimmt die Gefühle wahr, die damit verbunden sind, dann wird archetypisches Vertrauen in uns geweckt, die Überzeugung, dass schöpferische Lösungen, wie sie sich im Märchen ereignen und die wir dann eben „märchenhaft" nennen, sich auch in unserem Leben ereignen könnten.

3. Bindung: Grundbedingung für Vertrauen

Jeder Säugling vertraut zunächst einfach, muss vertrauen und tut dies, ungeachtet, ob die Eltern vertrauenswürdig sind oder nicht. Das ist zunächst ein archetypisches Vertrauen. Darauf baut Vertrauen auf und wird durch die Bindung mehr – oder auch weniger. In der Entwicklungspsychologie ist man sich einig, dass die Entwicklung des Vertrauens in der frühesten Kindheit beginnt, da auch wesentlich beeinflusst wird durch die Beziehung zu den Bindungspersonen, den Eltern, aber auch zu anderen Menschen, die verlässlich sind. Durch eine sichere Eltern-Kind-Bindung wird die Welt zu einem sicheren Ort, jemand kümmert sich um einen, man ist es wert, dass jemand sich um einen kümmert.

Bindung ist ein Grundbedürfnis des Menschen, gibt Sicherheit und Geborgenheit. In den verschiedenen Bindungstheorien wurde immer einmal wieder nachgewiesen, dass ein Kind, das sicher gebunden ist, auch ein vertrauensvolles Kind ist, das sich später auch in die Welt hineinentwickeln kann. Zu einer sicheren Bindung führt das feinfühlige Verhalten der Eltern, das Wahrnehmen, was das Kind jetzt gerade braucht. Über das Genährtwerden hinaus geht es existenziell um den liebevollen Blick, die liebevolle Berührung, das einfühlende Sprechen. Es geht um das feinfühlige Umgehen mit dem Säugling und dem Kleinkind durch das Angeschautwerden, durch das Angesprochenwerden, durch das Berührtwerden. Dadurch werden auch Emotionen reguliert: Das Kind wird beruhigt oder angeregt – die Grundlage dafür, dass der Mensch im späteren Leben mit unerträglichen Emotionen und Gefühlen umgehen kann. Dabei spielt das Sprechen über diese emotionalen Zustände, der Versuch der Beziehungspersonen, die Emotionen in wahrnehmbare Gefühle zu übersetzen, eine nicht zu unterschätzende Rolle. Spricht man über Gefühle, hat man Worte dafür? Auch hierfür wird die Basis in dieser frühen Phase des Lebens gelegt. Gefühle sind ansteckend – Säuglinge sind den Gefühlen der Beziehungspersonen ausgeliefert. Können diese damit umgehen, sie benennen, sie regulieren, hilft das auch den Kindern. Das heißt, die Gefühle müssen erkannt und benannt werden. Manche Menschen kennen nur den Ärger: Egal, ob sie traurig sind oder sich ängstigen – sie verstehen diese Gefühle als Ärger. Andere können nicht mit sie überwältigenden Gefühlen umgehen, besonders dann, wenn kein anderer Mensch in der Nähe ist, der hilft, diese Gefühle zu regulieren.

Sprechen zu können miteinander, nicht aneinander vorbeizureden ist auch eine Folge davon, dass Kinder und Eltern in der frühen Phase Bedürfnisse ausdrücken und dass genug Raum ist, um diese auch wahrzunehmen. Sichere Bindung entsteht über Kommunizieren und Interagieren im weitesten Sinn. Ist die Bindung unsicher, dann ist das wohl eine Folge davon, dass man aneinander „vorbeigeredet“ hat, sich nicht verstanden hat. Mit einer hinreichend sicheren Bindung hat man eine Sprache für gefühlsmäßige Zustände. Winnicott, ein englischer Psychoanalytiker, stellte fest, dass vernachlässigte Kinder nicht sprechen oder nicht von dem sprechen, was ihnen wichtig ist.[20]

Gesehen zu werden, wahrgenommen zu werden, freundlich angesehen zu werden, berührt zu werden, im Gespräch sich auszutauschen – diese Ingredienzien der Bindung brauchen wir lebenslang. Und vieles davon vermissen wir in der Pandemie – vielleicht ohne es uns einzugestehen, wie sehr wir es vermissen, wie sehr wir etwas vermissen, das zu unserer Grundgeborgenheit beiträgt und das wir in Nichtpandemiezeiten leichter bekommen oder uns holen können.

Mehr Vertrauen – weniger Vertrauen

Es ist natürlich nicht so, dass man am Anfang des Lebens immer nur – natürlich unbewusst – vertraut, sondern das Vertrauen wird von Beginn an immer auch einmal enttäuscht. Daniel Stern beschreibt, dass im Umgang von Mutter und Kind immer wieder vorkommende Episoden – zum Beispiel bei einem Säugling Brust, Milch, Geruch, Sättigung, Zufriedenheit – generalisiert werden.[21] Das Kind erwartet, dass auch in der Zukunft sich diese Episode wieder gleich ereignen wird. Das ist eine durchschnittliche Erwartung. Diese Erwartungen können nun auch enttäuscht werden, die Mutter ist ja keine Maschine. Werden sie zu oft enttäuscht, dann wird das Vertrauen erschüttert, das Kind ist gestresst und die sichere Bindung kann in Frage gestellt werden. Es gibt viele generalisierte Episoden, Erfahrungen, die das Kind macht und die als Erwartungen gespeichert sind – es gibt auch viele Möglichkeiten, enttäuscht zu werden, und ebenfalls viele Möglichkeiten, diese Enttäuschungen wieder in den Hintergrund treten zu lassen. Das ist ein ganz normaler Prozess, und wenn es nicht zu oft geschieht, stört das die sichere Bindung nicht. Enttäuscht zu werden gehört auch zum Leben dazu: Nie enttäuscht zu werden, wäre eine unsinnige Erwartung an einen anderen Menschen. Wäre Vertrauen in der eigenen Biografie, in der eigenen Familie, nie enttäuscht worden, ginge man auf andere Menschen zu in der Überzeugung, dass alle Erwartungen immer erfüllt werden. Vertrauen ist dynamisch, muss dynamisch sein.

Fürsorglichkeit: Basis für Vertrauen und Angstreduktion

Der amerikanische Forscher in affektiver Neurowissenschaft, Jaak Panksepp[22], hat bei Säugetieren Grundemotionssysteme beschrieben, von denen er überzeugt ist, dass auch wir Menschen sie haben – als Grundlage unseres Lebendigseins, unseres Miteinanderseins und unserer Entwicklung, als Geschenk, als Gabe der Evolution. Panksepp hat bei Säugetieren sieben grundlegende emotionale Systeme nachgewiesen. Diese Systeme schreibt er in Großbuchstaben, um zu verdeutlichen, dass sie sich auf neuronale Netzwerke beziehen und nicht als Emotionen im alltäglichen Sinne verstanden werden sollen. Es geht um die Systeme SEEKING (Suchen, Explorationsverhalten, Neugier, Interesse,

Vorfreude, Enthusiasmus, Belohnung), LUST (Lust allgemein, sexuelle Lust), RAGE (Ärger, Wut), FEAR (Angst, Furcht), PANIC/GRIEF (Panik und Trauer, Panik bei Verlusterfahrung), PLAY (soziales Spiel) und CARE (Fürsorge, mütterliche Fürsorge). Er bezeichnet diese Systeme als primärprozesshafte psychologische Erfahrungen, die zu unserer Biologie gehören.[23]

Diese Grundemotionssysteme teilen Menschen mit den Tieren. Sie sind die Basis für die uns geläufigen Emotionen wie Angst, Ärger/Wut, Trauer, Freude, Interesse, Fürsorge, Spiel. Unsere Emotionen und Gefühle sind vielfältig miteinander verwoben, beeinflussen einander. Emotionen erleben wir körperlich, und dann in der Auseinandersetzung mit der Welt, mit anderen Menschen, mit Texten. Können wir sie benennen, werden sie zu Gefühlen: Emotionen werden dann verbunden mit Vorstellungen, Bildern und Geschichten und einem jeweils vom Gefühl bestimmten Verhalten, etwa Angreifen, Schutzgeben, Flüchten, Unterstützen, Finden von kreativen Lösungen, von spirituellen Erfahrungen etc.

Affekte werden also verstanden als bestimmte, biologisch verankerte Erlebens- und Verhaltensmuster, die unser Bewusstsein, unser Denken, unsere Ideen, unsere Kultur, unsere Spiritualität beeinflussen. Sie sind die Signale, die uns zu verstehen geben, was jetzt im Moment für uns wichtig ist; das heißt, sie geben uns Orientierung. Unser Bewusstsein und unsere bewussten Tätigkeiten sind von den affektiven Signalen abhängig. Emotionen sind grundlegend für unsere bewussten Aktivitäten, für unser Erleben und Verhalten.

Das SEEKING-System und das CARE-System

Ein spezielles System unter diesen sieben Systemen ist das SEEKING-System, ein Emotionssystem für positive Erwartung, etwas Interessantes antizipierend, auf das man enthusiastisch zugehen kann. In diesem Zustand haben wir ein Lebensgefühl von Überfluss, man ist motiviert, das Angestrebte zu erreichen, man hat einen Sinn für das Mögliche, man rechnet damit, dass etwas Unerwartetes das Erwartete durchbrechen wird. Dieses Emotionssystem wurde früher auch Belohnungssystem genannt, aber unter dem Einfluss dieses Systems zu stehen, ist in sich (intrinsisch) belohnend. Das SEEKING-System hat eine übergeordnete Funktion, weil es sich mit allen anderen Emotionssystemen verbinden lässt. Als Suchsystem regt es die Suche nach Sicherheit an, ist also auch mit der Furcht verbunden, die auch Sicherheit sucht. Verbunden mit dem CARE-System sucht man intensiv und intuitiv danach, was Sicherheit und Geborgenheit auslösen kann, nach einem Gefühl, im Leben aufgehoben zu sein, getröstet zu werden, was gute Gefühle auslöst und eine ausgeglichene Emotionalität im Zusammensein mit anderen ermöglicht.

Da diese Systeme zu unserer biologischen Grundausstattung gehören, wirken sie bei allen Menschen. Sie können aber in der frühkindlichen Entwicklung mehr oder weniger aktiviert worden sein, vor allem durch die Bindung, aber auch durch die Lebensumstände ganz allgemein, sie können auch im aktuellen Leben mehr oder weniger betont sein. Panksepp geht von einem

Ideal der emotionalen Balance aus; alle diese verschiedenen Emotionen müssten gelebt werden. So schlägt er vor, statt sich ständig zu ängstigen, freudige, spielerische Situationen entweder herzustellen oder zumindest zu erinnern. Die Erinnerung hat für unser psychisches Wohlbefinden – im Guten und im Belastenden – eine große Wirkung.

Innerhalb dieser Systeme geht es auch um Wechselwirkungen: Wird zum Beispiel das CARE-System zu wenig im Alltag gelebt, erfahren Menschen wenig schützende, stützende, nährende Zuwendung, dann ist auch wenig Raum für das SEEKING-System. Im Denken von Panksepp werden Säugetiere (und das sind wir Menschen auch) in der Folge depressiv.

Grundsätzlich kann man alle Emotionen dahingehend verstehen, dass sie das Individuum befähigen, nach vorne zu schauen, sich um die Zukunft zu kümmern, ein Gleichgewicht zu erhalten, so den gesamten Organismus am Leben zu erhalten, Vertrauen zu schaffen.

Das CARE-System: lebensweltlich gesehen

Dass CARE – ein System, das Fürsorglichkeit ermöglicht, aber auch verlangt – zu unseren Grundemotionssystemen gehört, leuchtet ein: Menschen kümmern sich um die Zukunft, um den Fortgang des Lebens überhaupt, aber auch des eigenen Lebens. Wir sorgen vor, treffen Entscheidungen aus Sorge um das zukünftige Leben, nicht nur, weil wir besorgt sind, ob es sich zu einem guten Fortgang entwickelt, nicht nur aus Ängstlichkeit, sondern auch aus dem Wunsch heraus, das Leben zu einem guten Leben zu machen – Sorge im Sinne der Hingabe. Und das betrifft uns selbst, aber auch das Leben von anderen Menschen, der Menschen überhaupt.

Das CARE-System wurzelt in der Brutpflege. Natürlich geht es zunächst darum, dass das Kind genährt wird, aber es ist mehr: nährende Liebe. Ohne die Zeit und die ungeheure Energie, die Elterntiere, aber auch menschliche Eltern aufwenden, gäbe es kein Überleben, und es geht da nicht nur um Eltern, sondern es geht um alle Menschen, wenn sie andere unterstützen: um den unterstützenden anderen, die unterstützende andere. Mütter und Väter sind gefragt – mit latent mütterlichen „Circuits“ (neurologische Verbindungen, die Veranlagungen entsprechen), wie Panksepp und Biven das beschreiben.[24]

Tiefenpsychologisch würden wir von einem nährenden Mutterfeld sprechen, an dem viele Menschen – nicht nur die persönliche Mutter – Anteil haben, als Grundlage für eine sichere Identität, für eine sichere Bindung. Es geht dabei um das Gesehenwerden, den freundlichen Blick, um das Berührtwerden, die freundliche Geste, und um das Angesprochenwerden. Darum geht es eigentlich das ganze Leben lang, und das können wir, weil es ein CARE-System gibt.

Panksepp und Biven beschreiben das CARE-System als eine Gabe der Mutter Natur, es ermöglicht das ganze Leben lang Resilienz, Glück, Zufriedenheit.[25] Ohne dieses System gibt es keine zwischenmenschliche

Verbundenheit, mitsamt den damit einhergehenden endogenen Opioiden und der Oxytocin-Ausschüttung. Dieses System ist auch die Basis für die Emergenz von Empathie,[26] aber auch von Altruismus, reziprokem Altruismus, von Mitgefühl, Vertrauen,[27] von prosozialen Gefühlen also – es ist die Basis für menschliche Verbundenheit und für ein lebenswertes, gutes Leben.

Sind Kinder hinreichend sicher gebunden,[28] fühlen sie sich sicher und können ihrem Drang folgen, die Welt zu erkunden. Es besteht ein Gleichgewicht zwischen Sicherheits- und Bindungsbedürfnissen und dem Streben nach Autonomie, nach Selbstständigkeit, danach, die Welt zu erkunden. Bedürfnisse nach emotionaler Verbundenheit, nach Nähe und nach Distanz können beide zugelassen und belebt werden. Diese Spannung zwischen Sicherheitsbedürfnissen und dem Streben nach Autonomie, nach Exploration, bleibt über alle Lebensspannen der Menschen hinweg ein Thema.

Bindung und Autonomie

Wir alle kennen die Situationen, in denen Kleinkinder – meistens haben sie gerade laufen gelernt – freudig triumphierend von ihren Eltern wegrennen, irgendetwas Interessantes im Blick. Dann fallen sie hin – und müssen getröstet werden. Manchmal sind sie auch selbst überrascht von ihrem Mut, irgendetwas ängstigt sie, und sie rennen wieder zurück zur Beziehungsperson oder rufen sie mit Geschrei herbei. Eine hinreichend gute Mutter wird das Kind in den Arm nehmen, es aber auch wieder ermutigen. Und kaum getröstet, rennt es wieder los …

Das ist ein stimmiges Bild dafür, wie die Explorationslust sich Bahn bricht und damit auch der Drang nach Selbstständigkeit. Angst treibt zurück zum sicheren Ort, und nach der Versicherung, dass es diesen sicheren Ort gibt, kann man wieder aufbrechen. Das ist die Dynamik von Bindung und dem Streben nach Autonomie, ein Thema, das uns durch das ganze Leben begleitet und das durchaus konflikthaft sein kann.

Wenn ein Kind eine hinreichend sichere Bindung entwickeln konnte, kann es altersgemäß auch selbstständiger werden, in die Welt hinausgehen, interessiert explorieren und hat nicht zu viel Angst vor der Welt. Selbstverständlich gibt es immer wieder Situationen, die ängstigen, aber man kann auch Mut zur Angst entwickeln, Vertrauen entwickeln, Neues erproben, und aus dem erlebten Vertrauen wird auch Selbstvertrauen. Aber mehr noch: Das Vertrauen, das in der Beziehung zu den Eltern erfahren wurde, wird zunächst in kleinem Kreis, etwa in der Spielgruppe, und dann in immer größeren Kreisen übertragen. Bindung und Autonomie, Vertrauen und Interesse an der Welt gehören zusammen, entwickeln sich gemeinsam.

Winnicott bringt diese Gedanken in Verbindung mit der Kreativität.[29] Wenn die Beziehungspersonen verlässlich sind, man ihnen vertrauen kann, dann überträgt sich diese Erwartung auch auf andere Menschen. Dadurch entsteht ein Verständnis für das „Dazwischen" bei den Menschen und damit auch für das Miteinander. Zunächst kann man miteinander spielen, später im Leben wird daraus das kreative Miteinander und damit dann die Kultur. Durch das Vertrauen entsteht ein potenzieller Raum zwischen den Menschen, in dem Kreativität stattfinden kann. Aus der hinreichend positiven Bindung entsteht das Vertrauen, dass man mit anderen Menschen zusammen etwas gestalten kann, dass es einen kreativen Zusammenhalt gibt.

Das ursprünglich positive Mutterfeld und die Psychotherapie

Eine hinreichend sichere Bindung ist aus Jung'scher Sicht mit einem hinreichend positiven ursprünglichen Mutterkomplex verknüpft, der aber nicht einfach nur aus der Beziehung mit der Mutter stammt, sondern mit einem ganzen Mutterfeld am Anfang des Lebens verbunden ist, aus der Beziehung zu allen Menschen, die dem Säugling fürsorglich begegnen, entsteht. Dieser Bindungsstil begleitet uns durch das ganze Leben; mit einem sicheren Bindungsstil fühlen wir uns sicher und können das Vertrauen riskieren. Erfahren Kinder zu Beginn des Lebens wenig Zuwendung, sind Beziehungspersonen wenig zuverlässig oder gibt es belastende Erfahrungen in der Familie, dann entsteht ein unsicherer Bindungsstil; man weiß nicht so recht, ob man dem anderen auch vertrauen kann. Bindungsstile können sich aber im Laufe des Lebens verändern, Menschen arbeiten auch ein Leben lang an der Möglichkeit, zufriedenstellende Bindungen aufrechtzuerhalten oder sie zu erwerben. Wer am Anfang des Lebens nicht die Möglichkeit hatte, eine sichere Bindung zu erleben, kann sich die sichere Bindung nachträglich erwerben, durch vertrauenerweckende Beziehungserfahrungen im späteren Leben, durch die Beziehung zu Menschen, die einem Vertrauen entgegengebracht haben, denen man Vertrauen schenken konnte, aber auch durch die Beziehung zu Menschen, die einen wahrnehmen, sehen, berühren, die einem helfen, mit schwierigen Emotionen umzugehen. Das kann auch in einer Psychotherapie geschehen. Viele Therapien beginnen mit viel Misstrauen: Kann man dem Therapeuten, der Therapeutin vertrauen? Die schlechten Erfahrungen von enttäuschtem Vertrauen, aber auch von mangelndem Interesse, von zu wenig Gesehenwerden, werden übertragen. Der Therapeut, die Therapeutin wird sich als vertrauenswürdig erweisen – kleinere Vertrauensbrüche ansprechen und wieder heilen – und mit realistisch freundlichem Blick immer wieder benennen, was in der therapeutischen Beziehung zwischen den beiden geschieht. Psychotherapie kann zu einer erworbenen sicheren Bindung führen.[30]

Wer in Therapie kommt, gibt aber auch einen Vertrauensvorschuss. Hier wirkt wohl das archetypische Vertrauen, denn viele Menschen, die Therapie aufsuchen, haben wenig Anlass, anderen Menschen zu vertrauen. Dieser Vertrauensvorschuss aber wirkt: Vertrauen weckt im anderen Menschen auch wieder Vertrauen.

Wenn wir jemandem vertrauen, kommt in der Regel Vertrauen zurück. Aus diesem Gesichtspunkt ist es sinnvoll, in Vertrauen zu investieren, nicht nur im therapeutischen Prozess. Ich gebrauche absichtlich den Ausdruck „in Vertrauen zu investieren“, um zum Ausdruck zu bringen, dass ich einen Vorschuss an Vertrauen gebe, in der Hoffnung, dass auch mit Vertrauen geantwortet wird.

Vertrauen, Selbstvertrauen, Selbstwirksamkeit

Das Kind hat Vertrauen zu den Eltern, die Eltern haben Vertrauen in das Kind: Das wechselseitige Vertrauen führt auch zu Selbstvertrauen, und zwar umso mehr, wenn dieses Vertrauen generalisiert und auch auf andere Menschen und die Lebenswelt ausgeweitet wird. Wenn Menschen uns vertrauen, uns auch etwas zutrauen, stärkt das unser Selbstvertrauen. Vertrauen und Selbstvertrauen bedingen einander und sie führen auch zu einem Erleben von Selbstwirksamkeit: Mit anderen zusammen kann man erfahren, dass man etwas bewirken kann, dass man Einfluss hat. Diese Erfahrung hebt das Selbstvertrauen und auch das Selbstwertgefühl.

Selbstvertrauen entwickelt sich weiter im Handeln, in der Erfahrung von Selbstwirksamkeit. Je mehr wir etwas wagen, je mehr wir uns trauen, desto mehr entwickelt sich unser Selbstvertrauen. Was wir in die Hand nehmen, muss dabei nicht unbedingt gelingen. Zu spüren, dass man sich traut etwas anzugehen, was uns auch noch herausfordert, was aber Sinn macht, ungeachtet dessen, wie es ausgeht, stärkt das Selbstwertgefühl.

Vertrauensvolle frühe Beziehungen bilden auch die

Basis des Selbstvertrauens und der Selbstwirksamkeit. Leider haben nicht alle Kinder so vertrauensvolle frühe Beziehungen. Schwierige, wenig vertrauensvolle frühe Beziehungserfahrungen können die Entwicklung von Vertrauen und Selbstvertrauen beeinträchtigen. Ein Kind, das nur dann geliebt wird, wenn es alles richtig macht, wird im Explorieren gehemmt sein, kann schlechter vertrauen und Selbstvertrauen ausbilden. Dennoch: Es ist erstaunlich, wie Menschen Erfahrungen, die ihnen in ihrer Entwicklung gefehlt haben, heute suchen und auch in anderen Beziehungen finden können.

Sich auf sich selbst verlassen können

Selbstvertrauen kann auch aus der Überzeugung heraus entstehen, sich in schwierigen Situationen auf sich selbst verlassen zu können: Man kann darauf vertrauen, dass man mit schwierigen Situationen umgehen kann, dass man andere Menschen findet, die einen unterstützen, dass einem auch in vertrackten Situationen eine gute Lösung einfällt, ein guter Einfall kommt, ein hilfreicher Traum aus dem Unbewussten aufsteigt. Es ist eine Form der Lebenskunst, der Kreativität im Alltag. Dieses Selbstvertrauen entsteht aus der Gewissheit, dass man kundig mit dem Leben umgehen kann, dass man auch in schwierigen Situationen sich auf sich selbst verlassen kann. Diese Überzeugung setzt voraus, dass wir uns in etwa kennen, dass wir um unsere generellen Schwierigkeiten, aber auch um unsere Ressourcen wissen, dass wir uns in unserem Wesen weitgehend akzeptieren, natürlich als ein sich verändernder Mensch. Zu dieser Art von Selbstvertrauen gehört die Treue zu uns selbst.

Die Treue zu uns selbst erschließt sich aus den im Moment wahrnehmbaren Gefühlen, den Sehnsüchten, den Ängsten – von all dem, was uns im Moment wichtig ist, was uns aber dann in Verbindung dazu auch lebensgeschichtlich wichtig ist, was uns schon immer wichtig war oder was wir schon immer gern noch entwickeln wollten. Was sind die Werte, die uns aktuell wichtig sind, die uns schon immer wichtig waren, die zu verwirklichen für die Zukunft uns wichtig erscheint für ein gelingendes Leben?

Vertrauen entsteht „dazwischen" – Treue zu sich selbst auch

Treue zu sich selbst bedeutet auch, sich als eigene Person immer wieder zu finden – oder auch immer einmal neu zu erfinden. Die Treue zu uns selbst kann für uns zum Thema werden durch den Blick der anderen Menschen: Unsere Mitmenschen sehen etwas in uns hinein – wir sehen etwas in die anderen hinein. Diese Zuschreibungen in Bezug auf unser Wesen und unser Handeln können mehr oder weniger stimmig sein. Manche Zuschreibungen, die uns schmeicheln, nehmen wir vielleicht sehr gerne an. Dennoch stellt sich immer wieder die Frage, ob diese Zuschreibungen stimmig sind und wie wir uns immer wieder auch noch anders sehen können.[31] Wir spüren die Notwendigkeit, uns selbst treu zu bleiben. Oder aber wir passen uns an die Wünsche der anderen Menschen zu sehr an. Bei der Entwicklung von Autonomie und Verbundenheit mit anderen Menschen kann es dazu kommen, dass wir zu autonom sind, zu sehr auf unserem Standpunkt beharren, oder aber, dass wir uns zu sehr den anderen Menschen anpassen, zu wenig autonom sind. Die Bedürfnisse von anderen Menschen werden deutlich wahrgenommen, die eigenen wenig. Das führt zu einem geringeren Selbstwertgefühl, einem weniger guten Lösen von Problemen, zu Angst und Depression.[32] Auch wenn es bei der Treue zu uns selbst um uns selber geht, leben wir im Dazwischen zwischen uns und den anderen, auch zwischen bewussten Entscheidungen und unbewussten Einflüssen, die auch dadurch entstehen können, dass wir gewisse Aspekte des Lebens zu lange nicht berücksichtigt haben.

An Lebensübergängen, bei runden Geburtstagen, bei schwierigen oder sehr glückhaften Erfahrungen im Leben; besinnen wir uns mehr auf uns selbst als üblich. Und da haben wir auch das Bedürfnis, uns wieder neu auf uns selbst einzupendeln, uns zu fragen, was wirklich zu uns gehört, was man lassen könnte, aber auch, was an Neuem ins eigene Leben integriert werden könnte. Lebensübergänge können uns darauf hinweisen, dass auch neue Erfahrungen, neues Verhalten, neue Wünsche jetzt und für die Zukunft zu uns gehören, Lust auf Zukunft machen.

An den Lebensübergängen kann man eine neue Balance wiederfinden, man kann sich verändern, man kann sich neu in sich selbst verorten. Dennoch bleibt die Treue zu sich selbst wichtig – Treue zu sich selbst auch in möglichen Veränderungen oder gerade, weil man die Veränderungen wahrnimmt und sie auch annimmt. Eine Treue zu sich selbst, die keine Veränderung zulassen würde, würde uns Menschen, die wir uns immer auch in Entwicklung befinden, nicht gerecht, wir würden stehen bleiben.

Imaginationen, Erinnerungen, Fantasien und Träume geben uns Hinweise, was denn aktuell zu uns gehört. Alle handeln davon, was für uns im Moment besonders bedeutsam ist. Da gibt es vielleicht Konflikte mit den damit verbundenen Emotionen, zu deren Bewältigung Imaginationen und Träume Anregung geben können, es können aber auch Hinweise auf Aspekte unserer Persönlichkeit sein, die wir zu wenig beachten. So träumt etwa eine Frau, die sich selbst als ängstlich einstuft, immer einmal wieder von mutigen Frauen: „Ich stehe vor einer Kletterwand in ‚meiner' Halle. Ich kann nicht trainieren, weil lauter Fortgeschrittene in großem Tempo die Wand hochklettern. Ich kritisiere sie innerlich: Sie schwitzen, klar, bei diesem Tempo. Sie keuchen – natürlich. Ich komme nicht in die Gänge und wache frustriert auf."

Die Träumerin sieht sich selbst als Anfängerin im Klettern, obwohl sie im Freiklettern schon recht erfahren war. Sie macht sich Vorstellungen über die Frauen, die sie in der Kletterwand sieht und kritisiert. Im Gespräch über den Traum identifiziert sie sich dann mit ihnen: „Ich könnte auch mutiger sein. So viele mutige Frauen – und ich stehe daneben und kritisiere sie!"

4. Vertrauensbeziehungen

Nicht nur in der kindlichen Entwicklung spielt Vertrauen eine große Rolle, sondern auch später im Leben. Was Vertrauen bedeuten kann, können wir sogenannten Vertrauensbeziehungen entnehmen. Und unter diesen ist es oft die Freundschaftsbeziehung, an der die Wirkung von gelebtem Vertrauen im Alltag gezeigt wird.

Wohlwollen

Sich zu befreunden ist eine Beziehungsform und zugleich eine Lebensform, bei der man sich fragt, welchen Menschen man freiwillig mit Wohlwollen begegnet und wie man dieses Wohlwollen auch so ausdrückt, dass es für den Freund oder die Freundin sichtbar und erlebbar wird. Vermöchte unser Wohlwollen nicht auch beim anderen Menschen Wohlwollen zu wecken, könnten wir uns nicht mit ihm oder ihr befreunden. Um sich zu befreunden, braucht es ein wechselseitiges Wohlwollen, das wir einander zeigen müssen, das wir auch voneinander annehmen müssen und das wir uns auch bis zum Ende einer Freundschaft erhalten müssen. Auf dieses Wohlwollen vertraut man – auch in die Zukunft hinein. Man kann sich gar nicht vorstellen, dass dieses Vertrauen beschädigt werden könnte.

Das Wohlwollen zeigt sich darin, dass man dem Freund, der Freundin nur das Beste wünscht, und man setzt sich auch dafür ein, dass dieses „Beste", wenn immer möglich, erreichbar wird. Vom Freund, von der Freundin erwartet man aber auch nur das Beste, ohne es anmahnen zu müssen, sonst verliert die Freundschaft ihren emotionalen Kern. Mehr noch: Man erwartet sogar, dass er oder sie weiß, was im Moment das Beste ist – und weil man befreundet ist, artet das nicht etwa in große Anstrengung aus, man weiß es eben. Freundschaft ermöglicht es uns, unsere besten Möglichkeiten zu aktualisieren, dank der Beziehung, die auf Wohlwollen, auch auf fürsorglichen Gefühlen beruht.

Und was hat man von einer Freundschaft? Man gewinnt die Erfahrung, dass es unter den Menschen verlässlich solche gibt, die uns vertrauen und denen wir vertrauen, letztlich auch angesichts von Meinungsverschiedenheiten, Kränkungen, Enttäuschungen. Dazu kommt auch die Erfahrung, dass man sich mit diesen Menschen geborgen fühlen kann und auch angeregt und herausgefordert wird. Freunde sind immer gut für eine Inspiration für gutes Leben. Freundschaftsbeziehungen sind die Oasen im gelegentlich etwas dornigen Gestrüpp der menschlichen Beziehungen, sie sind auch ein Netz, das trägt, wenn man einmal ins Leere abzustürzen droht, etwa durch Verlusterfahrungen. Mit diesen existenziell so wichtigen Freundschaftsbeziehungen meint man natürlich nicht die Nutzfreundschaften, nicht einmal die Lustfreundschaften, auch wenn in jeder Freundschaft natürlich auch Nutzen und Lust ist, sondern man meint die „Seelenfreundschaften", Beziehungen, in denen wir gesehen werden, in denen wir aber auch unser Innerstes zeigen können.

Wachsendes Vertrauen

Eine Freundschaft muss wachsen: Freunde und Freundinnen sind Menschen, die uns ansprechen, die uns gefallen, auf die wir neugierig sind. Diese Neugier mündet dann in ein nachhaltiges Interesse. Sie müssen etwas mitbringen, was wir für unser Leben als Bestätigung und als Herausforderung, auf jeden Fall als Bereicherung verstehen, auf welcher menschlichen Ebene auch immer. Und dann muss man die Offenheit riskieren – einen Vertrauensvorschuss geben. Ohne Öffnung und Offenheit kann die Freundschaft nicht wachsen. Wir exponieren uns aber auch: Wird unsere Offenheit missbraucht? Dieses Risiko müssen wir eingehen, und dieses Risiko gehen wir auch ein, weil Freunde und Freundinnen unser Leben bereichern, uns herausfordern, noch brachliegende Aspekte unserer Persönlichkeit zu entwickeln, ganz besonders zu Beginn einer neuen Freundschaft.

Sich befreunden kann man sich nur mit Menschen, die sich im Laufe der Zeit als vertrauenswürdig erweisen. Bei einer Befragung nach dem Wesen der besten Freundin sagten Frauen, es sei die Freundin, bei der sich am wenigsten Vertrauensbrüche in der Beziehung ereignet hätten oder bei der diese Vertrauensbrüche auch gut wieder verarbeitet werden konnten, bei der man auch wieder Vertrauen riskieren konnte. Allerdings lösten die Vertrauensbrüche Gefühle des „Zerstörtseins“ aus; die Frauen fühlten sich von der Beziehung ausgestoßen, allein, beschämt. Und erst, wenn über den Vertrauensbruch gesprochen werden konnte, fand wieder eine Annäherung statt.

Eigentlich kann man sich erst wirklich befreunden, wenn man einander vertrauen kann. Sich zu befreunden als Haltung – etwa im Gegensatz zu sich abzuschotten oder sich zu verfeinden –, heißt auch, sich zum Vertrauen zu entschließen und sich als vertrauenswürdig erweisen zu wollen. Natürlich wird man nicht einfach naiv vertrauen, aber Vertrauen ist bei Menschen, die sich befreunden, eine Kategorie im Leben, die vor dem Misstrauen kommt. Wo man vertraut, kann man sich zeigen, wie man ist, kann man über Stärken und Schwächen sprechen, ohne Neid oder Scham und Abwertung befürchten zu müssen. Ganz abgesehen davon, dass der Ort des Vertrauens auch ein Vertrautsein ermöglicht: eine gute Nähe, ein Gefühl, dass wir uns diesem Menschen auch mit unseren geheimen Regungen zeigen dürfen, dass wir uns aber auch an ihn wenden können, wenn wir in irgendeiner Weise bedürftig sind, wenn wir emotional belastende Probleme haben.

Die freundliche Gesinnung und das Aufgehen im anderen

Freundschaft hat auch etwas mit Freundlichkeit zu tun, aber sie ist viel mehr als Freundlichkeit. Unter Freunden ist man im Grunde genommen freundlich gesinnt, auch wenn man gerade recht unfreundlich miteinander umgeht. Freundlichkeit ist ein großes Gut. Man kann sich in einer Freundschaft auf die grundlegende Freundlichkeit verlassen, sonst kann man nicht wirklich befreundet sein.

Wenn wir empathisch sind und aus dieser Empathie heraus fürsorglich und hilfreich, kann es leicht geschehen, dass wir uns zu sehr verausgaben, dass wir zu sehr beim anderen sind und zu wenig bei uns selbst. Wenn wir uns im anderen verlieren, gar von den belastenden Gefühlen des anderen Menschen angesteckt sind, können wir nicht mehr hilfreich sein. Gerade in der Freundschaft zeigt es sich, dass ein guter Umgang mit dem Ärger gefordert ist. Wenn wir uns ärgern, dann möchten wir, dass ein Verhalten oder eine Situation beendet wird. Wenn wir uns ärgern, geht uns ein anderer Mensch – oder eine Situation – über unsere Grenzen, wir werden gekränkt, oder aber, die anderen erlauben uns nicht, unsere Grenzen auszuweiten, wir dürfen unseren Interessen nicht nachgehen. In beiden Situationen sagt uns der Ärger, dass wir „Stopp" rufen möchten. Der Ärger reguliert unsere Beziehung zu anderen Menschen in dem Sinne, dass zwar ein „Wir" – die Bindung – angestrebt wird, dass wir aber auch wir selbst bleiben wollen. Nur so wird die Beziehung eine von zwei eigenständigen Menschen, die aufeinander eingehen, einander auch helfen können. Gerade in guten Freundschaften zeigt es sich, dass es möglich ist, auftretenden Ärger zu benennen und die damit verbundenen Probleme zu besprechen. Dabei geht es wie immer bei Ärger darum, den Ärger am richtigen Ort, zur richtigen Zeit, in der richtigen Intensität auszudrücken. Dass das schwierig ist, hat schon Aristoteles angemerkt. Gerade wenn in unserem Leben die Idee von helfendem einander Beistehen in einem lebensdienlichen Zusammenhang einen wichtigen Wert darstellt, muss das Thema der Abgrenzung und damit auch der Umgang mit dem Ärger in seiner Wichtigkeit erkannt und geübt werden. Mit dem Ärger gut umzugehen, ist auch eine Form der Selbstsorge, des guten Sorgens für sich selbst. Natürlich ist die Selbstsorge wichtig; ideal wäre die freundschaftliche Beziehung von Menschen, die die Selbstsorge nicht vergessen.

Zur Freundschaft gehört auch, dass man die schwierigen Gefühle wahrnimmt. Und es gehört ebenso sehr zum Vertrauen, dass man auch wahrnimmt, wenn man sich ärgert, dass man wahrnimmt, wenn man jetzt enttäuscht ist und dass man darüber sprechen kann. Man akzeptiert, dass man selbst auch schwierige Seiten in die Beziehung einbringt und dass man diese schwierigen Aspekte gerne beim anderen Menschen sieht, nicht bei sich selbst. Was nicht stimmig ist, darüber muss gesprochen werden. Und darüber kann auch in einer Freundschaft gesprochen werden. Deshalb ist sie eine relativ stabile Beziehungsform, in der man viel über Vertrauen, den Zusammenhalt, den es in vertrauensvollen Beziehungen gibt, lernen kann, aber auch über Vertrauensbrüche und den Umgang damit.

Zuerst prüfen – dann vertrauen

Zum Thema des Vertrauens in der Freundschaft gibt es interessante Ausführungen von Seneca, einem römischen, stoischen Philosophen, der im 1. Jahrhundert n. Chr. gelebt hat. Er erachtet Freundschaft als etwas Zentrales im Leben. In einem seiner Hauptwerke „An

Lucilius. Briefe über Ethik"[33], in denen es um die Suche nach dem moralisch vollkommenen Leben geht, spricht er auch über Freundschaft. „Lang denke nach, ob du jemanden zu deinem Freund machen sollst. Wenn du zu positivem Ergebnis gekommen bist, erschließ ihm ganz dein Herz. So mutig sprich mit ihm wie mit dir selbst. [...] Treu machst du ihn, wenn du ihn dafür hältst: Denn manche haben zu täuschen gelehrt, indem sie getäuscht zu werden fürchten und haben jenem berechtigten Anlass zur Verfehlung durch Argwohn geboten."[34]

Also zuerst prüfen, dann wirklich vertrauen, und nicht die Vertrauenswürdigkeit immer wieder überprüfen. Das gilt auch für die Liebesbeziehungen. Es ist fast zu einem modernen Spiel geworden, dass immer wieder getestet wird, ob der Partner jetzt auch zuverlässig ist, ob er wirklich treu ist, ob er wirklich loyal ist. Nach Seneca sollte man, wenn man einmal gut geprüft hat, davon ausgehen, dass der andere vertrauenswürdig, zuverlässig ist. Und hat man wirklich geprüft, dann weiß man auch, in welchen Bereichen des Lebens der Freund, die Freundin nicht zuverlässig ist. Kein Mensch ist durch und durch zuverlässig.

Im Zusammenhang mit Vertrauen sieht Seneca auch zwei mögliche Fehler: Allen zu glauben oder keinem zu glauben. Zu sehr zu vertrauen bezeichnet er als einen „anständigeren Fehler", als nicht zu vertrauen, was er als sicheren Fehler sieht.[35] Nicht zu vertrauen, grundsätzliches Misstrauen, versteht er als eine Form, sich zu verstecken.

5. Das Misstrauen und der Schatten

Wenn wir sehr misstrauisch sind, werden wir davon ausgehen, dass die anderen etwas Unrechtes im Schilde führen, das zu unserem Schaden ist. Uns zu öffnen kommt auf keinen Fall in Frage, das wäre viel zu riskant. Wir kämpfen eher gegen die anderen, haben den Eindruck, uns wehren zu müssen, oder geben auf und identifizieren uns als Opfer der Umstände. Sind wir misstrauisch, kostet uns das viel Energie, vor allem sind wir nicht mehr schöpferisch. Und wenn wir misstrauisch sind, dann sehen wir in den anderen Menschen etwas, das uns gefährdet, etwas, das uns etwas Böses will, den Schatten. Wir projizieren die Seiten, die wir an uns selbst nicht mögen, unseren Schatten, auf die anderen, und daraus verfestigt sich dann unsere Misstrauenshaltung.

Ein Beispiel: Eine Frau, die mit einer Außenbeziehung liebäugelt, was sie aber nicht zugeben mag, beginnt misstrauisch ihren Partner zu überwachen: Gibt es Anzeichen, dass er eine Geliebte hat? Sie projiziert ihren Schatten, bekämpft ihn im Partner, und ihr Misstrauen wird immer beherrschender. Erst eine therapeutische Intervention, die ihr bewusst machte, dass sie in ihren Träumen immer wieder interessante Begegnungen mit unbekannten Männern hatte, brachte sie dazu, diese Träume nicht einfach auf die vermeintliche Untreue ihres Mannes zu beziehen, sondern auf ihren eigenen Wunsch, eine Außenbeziehung einzugehen, dies dann aber auch zu verstehen als einen Wunsch, etwas Neues in der Partnerschaft zu erleben, aber auch, neue Seiten an sich selber zu erleben.

Misstrauen kann durchaus angebracht sein: Es gibt Menschen, die einen übervorteilen wollen, die etwas, was man ihnen im Vertrauen gesagt hat, an die Öffentlichkeit zerren; es gibt Menschen, die Lügen verbreiten, einen anschwärzen und vieles mehr. Wir können aber auch misstrauisch sein, weil wir erwarten, dass andere Menschen etwas im Schilde führen, ohne dass sie es auch wirklich tun: Wir projizieren unseren Schatten.

Bei Vertrauensbrüchen ist immer schattenhaftes Verhalten mit im Spiel, real oder projiziert als Erwartung von schattenhaftem Verhalten, das unseren eigenen schattenhaften Aspekten entspricht. Wenn wir versuchen, die Vertrauensbrüche wieder zu kitten, dann geht es von beiden Seiten darum, schattenhaftes Verhalten zu erkennen und zu anerkennen und es nicht einfach dem anderen anzulasten.

Das Konzept des Schattens

Das Konzept des Schattens von C. G. Jung ist von großer Bedeutung für das Zusammenleben der Menschen, für Konflikte, aber auch grundsätzlicher für Überlegungen zur Ethik und zur Moral, für den Umgang mit Fremden und Fremdem.[36]

Beim Bild des Schattens wird davon ausgegangen, dass wir Menschen uns gerne immer etwas schöner präsentieren, als wir sind. Wir möchten in der Welt und von anderen schöner gesehen werden, als wir sind, wir stellen uns in ein gutes Licht – und da bleibt einiges im Schatten. Man möchte einer Idealvorstellung von sich genügen, aber auch der Idealvorstellung von den Mitmenschen – wie man sie sich halt vorstellt. Das können wir bei uns nachprüfen: Wie möchten wir in bestimmten Situationen von bestimmten Menschen wahrgenommen werden? Was von uns möchten wir zeigen? Was bleibt dabei im Hintergrund, oder was versuchen wir aktiv zu verbergen? Das wäre dann der Schatten.

Stellen wir etwas ins Licht, dann liegt anderes eben im Schatten, ist wenig sichtbar, und wieder andere Dinge sollen auf gar keinen Fall gesehen werden, wir wollen nicht, dass sie gesehen werden, dass man sie wahrnimmt. Und das sind die Schattenanteile. Das sind die Bilder, die mit dem Schattenkonzept verbunden sind.

Der persönliche Schatten ist nicht inhaltlich bestimmt, sondern von dem, was ich für mein Ichideal halte. Wenn ein Verhalten so gar nicht mit unserem Ideal von uns selbst zusammenpasst, dann versuchen wir, diesen Aspekt zu verdrängen. Ein junger Mann etwa, dem es sehr um Gerechtigkeit geht, hat so kleine Tricks, wie er sich Vorteile verschafft. Darauf angesprochen meint er, das sei in keiner Weise schattenhaft, das zeige nur, wie clever er sei. Ob es denn gerecht sei? Lange Diskussion darüber, ob er etwas dafür könne, dass er einfach gewitzter sei als andere. Von außen gesehen geht es um kleinere Betrügereien, die letztlich alle Menschen schädigen. Schattenakzeptanz würde bedeuten, zunächst in Erwägung zu ziehen, dass man schattenhaftes Verhalten vielleicht sogar idealisiert, und dann ginge es darum, dieses Verhalten zu kontrollieren – oder sich bewusst dafür zu entschließen, diesen Schatten leben zu wollen. Man müsste dann aber auch die Idee von einem ethisch hochstehenden Menschen aufgeben.

Wenn wir uns bei schattenhaftem Verhalten ertappen, dann ist uns das peinlich. Wir schämen uns, wir sind hinter unseren Möglichkeiten zurückgeblieben, wir bereuen unser Verhalten, sind zerknirscht und wollen uns „bessern". Dazu muss man aber anerkennen, dass man schattenhaft gehandelt hat, man muss sich bewusst werden darüber. Man muss es mit der Zeit herausfinden, und da helfen die Mitmenschen und auch die Träume, die einem zeigen, wo man selbst schattenverdächtig ist. Der einfachste Weg, damit umzugehen und sich nicht weiter damit befassen zu müssen, ist – so meint man wenigstens –, den Schatten zu projizieren: „Nicht ich bin rechthaberisch, die anderen sind es, und wenn sie nicht immer so rechthaberisch wären, hätten wir eine wunderbare Atmosphäre."

Unser eigener Schatten, der uns weitgehend schon bewusst werden kann, ist uns in der Regel lästig. Der Schatten unserer Mitmenschen ist ausgesprochen interessant. In vielen Zeitschriften wird im Grunde genommen nur vom Schatten der Prominenten und der Reichen gesprochen oder von Menschen, die wir als Autoritäten sehen: Politiker, Politikerinnen, kirchliche Autoritäten. Wenn sie schattenhaft handeln – und jetzt eher im Sinne des gesellschaftlichen Schattens –, wird das lange in den Medien besprochen. Es ist so, als würden wir uns stellvertretend von diesen Menschen den Schatten leben lassen, uns gemeinsam darüber empören. Das scheint uns zu bekommen. Diese Geschichten interessieren und vitalisieren. Aber es vitalisiert auch, miteinander über unseren eigenen Schatten zu sprechen, wenn wir es uns denn gestatten. Dass das Sprechen über den Schatten vitalisiert, heißt, dass es dabei um einen Persönlichkeitsanteil von uns selber geht, um etwas, das auch zu uns gehören würde und in dem eben sehr oft etwas Vitales verborgen ist. Schatten entsteht ja im Laufe der Entwicklung: Was in der Erziehung nicht akzeptiert worden ist, mit „Pfui" bedacht wurde, wird später leicht zu schattenhaften Anteilen. Wenn wir versucht haben, ein braves Mädchen oder ein guter Junge zu sein, dann haben wir im Laufe der Zeit viele vitalen Aspekte, lustvolle Anteile von uns verdrängt, und die werden dann zum Schatten. Und natürlich ärgert es uns, wenn andere Menschen anscheinend all das, was wir gezähmt haben, so bedenkenlos ausleben. Sicher wissen können wir das zwar nicht, aber wir denken, wir wüssten es.

Wenn wir um einige unserer Schattenanteile wissen, versuchen wir noch häufiger, sie zu verdrängen. Und sehr häufig – das war unser Ausgangspunkt – sehen wir sie als Verhalten der anderen, wir projizieren sie auf die Mitmenschen. Die sind dann verschwenderisch, die sind dann neidisch, die sind gedankenlos. Das kann auch alles so sein und das können wir mit einer gewissen Gelassenheit feststellen: So sind Menschen eben. Wenn wir aber einen solchen Schattenanteil projizieren, sind wir nicht so gelassen: Dann ärgert es uns richtig;

ein Verhalten eines anderen Menschen hat eine deutliche emotionale Wirkung auf uns – es ist ja auch unsere Projektion. Wenn ich von einem Kollegen ganz ruhig sage, der sei ja sehr gedankenlos, dann ist mein Schatten nicht involviert. Wenn ich mich aber irrsinnig ärgere darüber, dass der wieder so gedankenlos ist, und ich mich minutenlang über seine Gedankenlosigkeit ereifern und mich nicht beruhigen kann, dann ist die Frage danach, was einen denn eigentlich so aufregt, berechtigt. Wenn Schattenanteile von uns mit einem Verhalten eines anderen Menschen verbunden sind, dann stresst uns das, und wir möchten Abhilfe schaffen. Ist unser Schatten nicht mit in die Situation involviert, können wir gewährender sein. Wir werden auch Konsequenzen ziehen, aber alles geht ruhiger vor sich. Wenn Sie einen gedankenlosen Kollegen haben, müssen Sie mit Sicherheit mehr arbeiten, weil er eben oft an etwas nicht denkt. Und das kann Sie auch ärgern, aber nie in dem Maße, wie wenn Sie selbst ein ähnliches schattenhaftes Verhalten haben, es aber verdrängen und dann am Kollegen kritisieren.

Schattenhafte Anteile können sich auch miteinander verbinden. In einer Familie gibt es so etwas wie einen Familienschatten. Man weiß oft nicht, zu wem der Schatten gehört, aber jemand wird als Schattenträger oder Schattenträgerin identifiziert. Wenn man Kinder hat, kann man den Schatten sehr leicht auf die Kinder projizieren. Dann geht etwa so ein aufsässiger, aggressiver Fünfzehnjähriger in die Ferien, und die Zurückgebliebenen erwarten, sie hätten es jetzt friedlich. Weit gefehlt: Es finden heftige Auseinandersetzungen statt;

das Aggressionspotenzial bleibt erhalten, die Frage nach dem schattenhaften Verhalten müssten sich alle stellen.

Schattenhaftes in Träumen

Unsere Träume zeigen uns häufig unsere Schattenanteile. Träume handeln emotional und inhaltlich von Themen, die für uns wirklich bedeutsam sind.

Wir träumen recht oft von Menschen, von denen wir finden, die hätten eigentlich etwas Unangenehmes, etwas Dunkles. Wenn man von unbekannten Menschen träumt, was ja oft geschieht, und man sich in der Vorstellung etwas mit diesen Gestalten befasst, sie mit Gedanken und Bildern anreichert, dann führt uns das oft zu Seiten von uns, die wir noch nicht gesehen und integriert haben.

Ein Beispiel: Ein immer sehr akkurat gekleideter Mann – man konnte nie etwas Unstimmiges an ihm entdecken – sprach immer wieder davon, wie wichtig ihm Ehrlichkeit sei, wie seine Eltern ihm Ehrlichkeit beigebracht hätten, ja fast in ihn hineingeprügelt hätten. Er hatte immer einmal von Menschen geträumt, die geschlitzte Ohren hatten, und sich darüber gewundert. Er sprach von Filmen, in denen Menschen vorgekommen sind, mit geschlitzten Ohren. Hört man diesen Traum, denkt man rasch an ein „Schlitzohr" – und wenn die Eltern Ehrlichkeit dermaßen in einen hineingeprügelt haben, müsste man schlitzohrig werden als Kind, um zu überleben. Die Träume haben ihn im Grunde genommen darauf hingewiesen, dass bei ihm selbst viele schlitzohrige Anteile zu entdecken wären. Lange wehrte er ab, er habe natürlich schlitzohrige Kollegen, aber er selbst sei doch nicht so. Doch dann hatte er verstanden: Auch in ihm gibt es Aspekte, die nicht nur mit ethisch nicht ganz einwandfreiem Verhalten im Zusammenhang stehen, wie er zunächst dachte, sondern Aspekte, die ihm einfach fremd sind. Der Traum hat ihm eine Seite von sich gezeigt, die er ablehnt. Der Träumer hat ihn aber durch die Erinnerung an die Eltern, die Ehrlichkeit in ihn „hineinprügelten", auch so verstanden, dass er sich einige Freiheiten nicht gestattet – schlitzohrig zu sein könnte ja auch bedeuten, kreative Einfälle zu haben, die man dann allenfalls noch auf ihre ethische Vertretbarkeit prüfen müsste.

Fremde Seiten erlebt als Schatten

Das Fremde in uns können wir in den Träumen erleben. Etwa ein Viertel aller Traumgestalten sind uns fremd. Diese Fremden können uns faszinieren oder aber auch ängstigen, sie können uns neugierig machen, aber auch abstoßen: Was will denn der Einbrecher in meinem Traum? Träume sind unsere ureigenste Schöpfung im Schlaf. Deshalb können wir auch die Träume als Ausdruck unserer Persönlichkeit in der Vergangenheit und in der Zukunft sehen. In den Träumen zeigt sich das Fremde in uns, und es ist in keiner Weise nur böse: gewöhnungsbedürftig manchmal, befremdlich, unheimlich, aber oft auch einfach anregend, interessant.

Die Neugier auf uns selbst – unsere Persönlichkeit,

unser Leben, unsere Gefühle, unsere Träume – lässt uns entdecken: Noch immer ist viel Geheimnisvolles da, noch immer sind wir uns selbst, auch im höheren Alter, für Überraschungen gut. Dann zeigt sich das Fremde nicht in den Träumen, sondern in unserem alltäglichen Fühlen und Verhalten oder in unseren Vorstellungen. Wir können das einfach etwas erstaunt hinnehmen oder aber interessiert genauer hinsehen und dabei Fremdes, Neues entdecken. Manchmal ist es Anlass zur Freude oder aber auch zum Ärger: Wir entdecken Seiten an uns, die uns nicht so gefallen, werden ärgerlich, sind mit uns selbst zerfallen – oder wir verdrängen diese Seiten.

Dem Fremden begegnen wir Menschen mit Faszination, Neugier und Angst – wenn es denn als das Fremde erkannt wird. Fremd ist, was wir nicht kennen, was uns aber im Moment des Zusammentreffens etwas angeht – wir müssen uns mit dem Fremden in irgendeiner Weise auseinandersetzen. Das ist der Grund, warum wir viele fremde Menschen, denen wir in einer Stadt begegnen, nicht als „fremd" erleben. Erst, wenn wir mit ihnen etwa ins Gespräch kommen, dann erleben wir sie als fremd: unvertraut, aber manchmal auch als faszinierend und wir gehen dann gerade daran, aus unvertrauten Menschen etwas mehr Vertraute zu machen, uns ihnen anzunähern, neugierig zu werden. Es gibt die Neugier – keine Altgier: Wir Menschen mögen Neues, Unvertrautes, Spannendes, wir wollen explorieren, die Welt erkunden, wissen, was es denn noch zusätzlich gibt. Das ist die große Chance für das Fremde und auch für die Fremden: Wenn wir explorieren, dann sind wir in Vorfreude, etwas Interessantes herauszufinden, und weil das Fremde so lustvolle Tätigkeit verspricht, sind wir fasziniert vom Fremden, wesentlich mehr als vom Bekannten.

Auf die Art und Weise, wie wir uns nach und nach mit fremden Menschen vertraut machen können, werden wir auch mit eigenen fremden Seiten vertraut, besonders, wenn sie uns insgeheim auch faszinieren, gefallen. Aber wir wissen natürlich, dass das, was uns fremd ist, auch so sein kann, wie wir selbst auch sind: liebevoll, zugewandt, aber auch verachtend, bösartig, besitzergreifend. Eine gewisse Vorsicht ist angesagt. Die Vorsicht kann so weit gehen, dass nackte Angst vor dem Unvertrauten besteht. Man fühlt sich dann ausschließlich bedroht vom Fremden. Kein Ausgreifen in die Welt macht dann mehr Lust, es gibt kein Vertrauen, dass man mit der neuen Situation zurechtkommt, nur böse Erfahrungen werden erwartet. Und dann wird das Böse auf die Fremden projiziert – noch bevor sie sich überhaupt mit einem in Verbindung gesetzt haben. Die Fremden sollen schuld sein an der Verstörung.

Wir Menschen entwickeln uns bis zum Tod, und unsere Entwicklung verdankt sich der Integration von fremden Seiten von uns selbst. Versetzen wir uns in einen bestimmten Zeitpunkt unseres Lebens hinein: Was war uns mit 20 Jahren noch alles fremd! Wir sehen das noch Fremde an anderen Menschen, an älteren: „So werde ich auch einmal sein. Ich werde auch einmal zur ‚tragenden Generation‘ gehören, so viel Verantwortung tragen. Ich werde auch einmal älter und schwächer werden …“ Als fremd und gleichzeitig wesentlich für uns erleben wir Entwicklungsaufgaben in dem Moment, wenn sie zur Bewältigung anstehen.

Das als noch fremd Anmutende zerstört das Vertraute, stellt zumindest das Vertraute in Frage, bringt eine Identitätsunsicherheit, steht für einen Identitätswandel. Für den, dem Entwicklung wichtig ist, ist das kein Problem, sondern sogar erwünscht. Wer keine Veränderung haben möchte – und es gibt kein Leben ohne Veränderung –, für den ist aller Einbruch des Fremden ein schlechter Einfall des Schicksals, vielleicht sogar ein „böser". Ohne das Fremde in uns würden wir uns nicht entwickeln. Aber das Fremde in uns fordert uns heraus, ist immer auch eine Anfrage an unsere Identität. An uns selbst fremde Aspekte erleben wir oft zunächst als schattenhaft – wir wollen sie nicht. Aber in den fremden Seiten stecken Entwicklungsanreize.

Ein Beispiel: Der Nerd-Schatten

Ein sehr sportlicher Mann mit großer Verachtung für alles Intellektuelle oder Geistige hat geträumt, dass er einen Zwillingsbruder hat. „Und der hat so eine Intellektuellenbrille und der studiert im Traum etwas … Also mit diesem Traum kann ich überhaupt nichts anfangen. Das ist so ein Nerd, wissen Sie, das sind so diese Spinner, das sind so diese Intellektuellen. Das sind so die Leute, die das, was ich mit den Händen mache, das machen die mit der Theorie. Die wissen etwas über Physik. Ich weiß ja auch etwas über Physik. Aber ich würde doch nie ein Buch studieren."

Wir sprechen bei der Traumdeutung von einer Objektstufe und einer Subjektstufe, davon, dass Träume eine Verbindung mit der Außenwelt haben, dass sie aber auch unsere Innenwelt ausdrücken können, also jeweils Aspekte von uns selbst darstellen können. Der Träumer hat keinen Zwillingsbruder, aber der Traum spricht von einem Zwillingsbruder, und ein Zwillingsbruder ist die andere Hälfte von einem selbst. Der Träumer wehrt sich schon von Vornherein gegen die Idee, er könnte so einen Zwillingsbruder in sich haben. So eine Seite? Er? Ein schattenhafter Aspekt, der radikal abgewehrt wird. Wir lassen das Thema zunächst fallen.

Die Therapie wurde fortgeführt – der Mann litt ursprünglich an einem Burnout – und in einer Therapiestunde sagte er plötzlich: „Ich denke immer einmal noch an meinen Zwillingsbruder im Traum. Ich habe ihn als so unangenehm empfunden. Aber glauben Sie, es könnte mir besser gehen, wenn ich auch mal ein bisschen mich an Bücher heranmachen würde, wenn ich auch mal ein bisschen was lesen würde?"

Ich erwähnte daraufhin, dass der Zwillingsbruder im Traum mir als sehr vital imponiert hätte, obwohl er sich nur mit Büchern beschäftigte.

Das war ein Wendepunkt in der Therapie und im Umgang mit diesem Schattenaspekt: Was den Träumer zunächst fremd anmutete und von ihm radikal abgelehnt wurde, wurde plötzlich als eine mögliche eigene hilfreiche Seite erkannt. Indem er sich mit diesen fremden Seiten anfreundete, tat sich ihm eine ganze Welt neu auf – allerdings erst, als er seine Angst davor, theoretisch ganz unbegabt zu sein, zuließ, die übergroßen Ansprüche an sich selbst fallen ließ und auch seine eigenen Grenzen akzeptierte.

Ein Beispiel: Der Flirt-Schatten

Eine 35-jährige Frau träumte immer einmal von jungen Frauen, die hemmungslos geflirtet haben. Präzise erzählte sie einen dieser Träume: „Da träumte ich von einer, die hatte ein unheimlich schönes rotes Kleid an, und die hat rumgeflirtet! Da kamen Männer, junge, alte, schöne, hässliche – mit allen hat sie geflirtet. Geküsst und so. Dann kamen Frauen, mit denen hat sie auch geflirtet." Ihr Kommentar: „Das ist ja eine verrückte Gestalt, so etwas von oberflächlich, von schrecklich, unmöglich! Im Traum hatte es sich aber gut angefühlt, leicht, lebensfroh. Aber das geht doch nicht!"

Wir sprechen davon, dass Traumgestalten auch eigenen Anteilen entsprechen können, man sich aber nicht ganz und gar mit ihnen identifizieren muss. Die Frage ist, ob es sein könnte, dass sie auch ganz gerne etwas herumflirten möchte, es aber ablehnt? Nein, war die Antwort, aber das schöne rote Kleid gefiel der Träumerin ausnehmend gut und sie meinte, mit so einem auffälligen roten Kleid würde sie sich ganz lebendig fühlen und sich nicht ihrer Lebenslust schämen. Und sie stellt fest, dass sie es auch attraktiv finden würde, etwas herumzuflirten – einfach so, ohne sich gleich zu binden. Aber das löse große Angst aus – sie sehe sich doch als eine ernsthafte, verantwortungsvolle Frau.

Es wird deutlich: Vielleicht ist sie zu ernsthaft, zu wenig den Freuden des Lebens zugetan! Etwas, das auch zu ihrem Leben gehört.

Die Ablehnung des Fremden als schattenhaft gibt die Möglichkeit, sich langsam damit auseinanderzusetzen, sich die Angst davor einzugestehen, sich mit diesen Seiten auch etwas zu arrangieren und sie dann in einer passenden Form ins eigene Leben zu integrieren. Die Träumerin muss ja nicht mit allen Menschen flirten. Sie könnte sich auch einfach die Frage stellen, wie ihr Kontakt zu den Mitmenschen aussehen könnte, damit etwas mehr von dem Gefühl, das sie mit dem roten Kleid verbindet, erlebbar werden könnte.

Wird der Schatten akzeptiert, ergibt sich eine Veränderung der Persönlichkeit – bei dieser Frau einfach eine gewisse Öffnung zu anderen Menschen hin, und zwar zu Frauen und zu Männern. Und dadurch erlebte sie auch sehr viel mehr Offenheit sich selber gegenüber.

Schattenanteile akzeptieren

Um Schattenanteile akzeptieren zu können, muss man sie differenziert betrachten. Wer zum Beispiel Feigheit als eine seiner Schatteneigenschaften sieht, muss sich fragen, in welchen Situationen er seine Feigheit erlebt. Wie äußert sich diese Feigheit? Wo ist die Person im Gegenzug aber auch mutig? Wir sind nie ganz und gar verschattet – außer es gefällt uns, so ganz und gar uns z. B. als feige hinzustellen. Man könnte sich auch fragen, ob diese Feigheit manchmal auch hilfreich sein kann, einen etwa vor zu viel Übermut rettet.

Um sich mit seinen Schattenseiten zu konfrontieren und sie akzeptieren zu können, braucht man ein hinreichend gutes Selbstwertgefühl. Dass wir Schattenseiten haben, kränkt uns. Deshalb verdrängen wir auch diese Seiten, projizieren sie auf andere. Mit einem hinreichend guten Selbstwertgefühl können wir Schattenanteile akzeptieren und sie in die Verantwortung nehmen, sie als auch zu uns gehörig erleben und damit umgehen, etwa wissen, in welcher Situation man zu diesem schattenhaften Verhalten tendiert – und dann kann man versuchen, sich entsprechend zu verhalten. Man akzeptiert sich als Mensch mit Ecken und Kanten, kann diese aber beziehungsdienlicher einsetzen. Es gibt Studien, in denen nachgewiesen wird, dass Menschen, die sich mit ihren Ecken und Kanten akzeptieren können, ein besseres Selbstwertgefühl haben.[37] Es braucht ein hinreichend gutes Selbstwertgefühl, um Aspekte unseres Schattens zu akzeptieren, als zu uns selbst gehörig zu erleben und vielleicht auch etwas zu genießen, denn unsere Schattenanteile sind oft mit Vitalität verbunden, dann festigt das auch das Selbstwertgefühl.

Der gemeinsame Schatten

Wir sind nicht nur Einzelwesen, wir sind auch miteinander verbunden; nicht nur auf der bewussten Ebene, sondern auch unbewusst. Wir stecken einander mit unseren Emotionen an: Wenn jemand von einer tiefen

Angst erfasst ist, dann spüren wir sie auch; ist jemand freudig erregt, dann teilt sich uns das auch mit. Wir mögen es, im Gleichklang mit den Emotionen von uns umgebenden Menschen zu sein, etwa bei der gemeinsamen Begeisterung bei einem Fußballspiel.

Wir sind aber auch angesteckt von den problematischen Gefühlen von anderen Menschen. Miteinander im Elend zu versinken, hilft niemandem. Man muss sich abgrenzen: Wir nehmen innerlich Abstand. Wir wissen jetzt, wie es dem anderen geht, wissen um seine oder ihre Sicht und Gefühlslage, beziehen uns aber wieder auf unsere eigene Perspektive und fragen uns etwa: Was geht hier vor, wo stehe ich, wo steht der oder die andere, was kann jetzt von mir beigetragen werden? Alle Menschen haben gelernt, ihre Emotionen im Normalfall zu regulieren. Auch das haben wir im Laufe unserer Entwicklung gelernt, und je sicherer die frühkindlichen Beziehungen waren, je sicherer wir gebunden sind, desto besser können wir auch Emotionen regulieren. Wird das Leben aber sehr belastend, etwa beim Verlust von mit uns sehr verbundenen Menschen, dann können wir etwa die Trauer nicht einfach herunterregulieren – wir sind manchmal davon überwältigt. Andere Menschen können helfen, indem sie mit aushalten und wissen, dass diese emotionale Situation nicht die ganzen Lebensgefühle abbildet, dass etwas trägt, auch wenn nichts mehr trägt. Und die Zeit und mit ihr die neuen Lebenserfahrungen helfen auch.

Emotionsansteckung kann aber auch in einem guten Sinn erfolgen, kann uns stützen, kann gerade dabei helfen, dass man auch die Not der anderen aushalten kann. Man kann sich auch von Vertrauen, Freude, Inspiration, Interesse anstecken lassen. Aber auch diese Gefühle sollten dann zu eigenen Gefühlen werden.

Die Emotionsansteckung zeigt, dass wir Menschen miteinander auch auf einer unbewussten Ebene verbunden sind.

Wir haben auch Anteil am Schatten von allen Menschen. Der persönliche Schatten erklärt sich aus der Diskrepanz zum Ichideal. Unter dem kollektiven Schatten würde ich Destruktivität verstehen. Wenn es destruktiv zugeht in der Welt, werden wir als Einzelne nicht destruktiver, sondern vielleicht sogar konstruktiver. Aber wir müssen uns mit dieser Destruktivität beschäftigen. Wir werden von ihr angesteckt:

So weckt das Erleben von Hass, der Anblick von Hässlichem Hässliches in der eigenen Seele – wir müssen uns davon abgrenzen.

Was bringt es, um unsere Schattenseiten zu wissen?

Als Aspekte von unserer Persönlichkeit können unsere Schattenseiten uns vitaler machen, lebendiger, wir entwickeln uns dadurch, dass wir sie angemessen integrieren. Sie können uns auch darauf aufmerksam machen, warum wir uns immer wieder in ähnliche schwierige Situationen verwickeln, und wir können daran arbeiten, wenn wir wollen.

Das Schattenkonzept macht uns auch realistischer, wir beurteilen andere Menschen freundlicher und realitätsgerechter. Wir sind dann nicht mehr so zutiefst gekränkt, wenn uns jemand in unseren Augen schattenhaft behandelt hat, wenn uns jemand angelogen, übervorteilt hat. Wir rechnen mit der Fehlbarkeit von Menschen, auch mit der eigenen. Wir haben nicht nur eine Fantasie im Guten, sondern auch im Bösen.

Das bedeutet dann aber auch, dass in Konflikten nicht der eine Mensch als der Schuldige gesehen wird und der andere als der ganz und gar Unschuldige, sondern man geht von der Wahrscheinlichkeit aus, dass beide Schattenhaftes in die Begegnung hineingetragen haben.

Das Schattenkonzept regt an, Probleme mit dem Fremden und den Fremden differenzierter zu betrachten. Es gehört zu uns Menschen, dass wir uns wohler fühlen mit Personen, die wir kennen. Aber es gibt immer Fremde, und wenn wir mit ihnen in Kontakt kommen, werden sie zu „Einheimischen". Projizieren wir aber Schattenanteile von uns auf sie, vor allem auch kollektive Schattenanteile, dann werden die Fremden für uns bedrohlich, müssen abgewehrt werden. Und wenn viele dasselbe denken, halten wir das Gedachte für eine Faktizität – auch wenn es der kollektive projizierte Schatten ist, der die Fakten verzerrt.[38]

Das Konzept des kollektiven Schattens macht uns darauf aufmerksam, dass wir auch Anteil an kollektivem emotionalen Geschehen haben, und dass wir uns abgrenzen und verstehen müssen.[39]

Wenn wir übertrieben misstrauisch sind, haben wir meistens Aspekte von unserem Schatten auf andere projiziert und generalisiert: Nicht etwas Spezifisches ist bedrohlich, sondern die ganze Welt ist feindselig. Gelingt diese Projektion, dann ist alles Feindliche außen. Wir werden von allen angelogen, wir werden von allen übervorteilt – solche Urteile entstehen aus generalisierten Schattenprojektionen. Alle lügen mich an, alle Freunde behaupten nur, loyal zu sein, niemand ist vertrauenswürdig. Die Schattenaspekte sind allein bei den anderen, man selbst ist ein Opfer der Umstände, kann sich allenfalls zusammentun mit anderen Menschen, die dasselbe erleben, aber die vom Misstrauen geprägte Wahrnehmung der sozialen Beziehungen verändert sich nicht, man hat keinen Anlass, den Schatten in die Verantwortung zu nehmen und sich dadurch zu verändern. Natürlich haben auch misstrauische Menschen positive Erfahrungen, aber wenn wir sehr misstrauisch sind, ist eine positive Erfahrung nur ein Einzelereignis, auf das man sich nicht verlassen kann oder das verstanden wird als ein Trick derer, die es auf einen abgesehen haben. Nun ist niemand durch und durch misstrauisch, und niemand ist durch und durch vertrauensvoll. Das Misstrauen aber beeinträchtigt unser Lebensgefühl enorm, weil wir uns als Opfer fühlen, und das erleben wir als ungerecht. Wenn wir misstrauisch sind, stellt sich die Frage, ob das Misstrauen berechtigt ist, ob es in dieser Ausschließlichkeit berechtigt ist und ob es vielleicht mit einer Projektion von eigenen Schattenanteilen zusammenhängt.

Im Zusammenhang mit generalisiertem Misstrauen, das oft mit anderen Menschen geteilt wird, Emotionen sind ja ansteckend, entstehen die sogenannten Verschwörungsnarrative. Es sind große Erzählungen, große Erklärungen für ein subjektiv erlebtes sehr großes Problem. Diese Erzählungen beruhen nicht so sehr auf Fakten, sondern Meinungen werden als Fakten hingestellt, und deshalb sind es Narrative und keine Theorien. Theorien werden durch Fakten verändert, Narrative nicht. Denn Verschwörungsnarrative vermitteln das Gefühl, eine schwierige bedrohliche Lebenssituation wenigstens zu verstehen – und das gibt die Illusion von Kontrolle. Deshalb sollen sie auch nicht verändert, höchstens noch intensiviert werden. Eigentlich handelt es sich um den Heldenmythos: Die bedrohten Menschen, die sich heldenhaft gegen übermächtige Angreifer wehren – Opfer und Helden in einem –, aber vor allem überlegen all denen, die einfach glauben, was die Wissenschaft sagt.

Jeder und jede hat das Recht auf eine eigene Meinung – darüber sind wir uns einig, darüber kann man auch sprechen, aber es muss auch klar sein, dass es eine Meinung ist und kein Fakt. Wir haben kein Recht, Tatsachen zu verdrehen, „alternative Fakten" als die Wahrheit hinzustellen. Das ist für das Vertrauen Gift, denn Vertrauen beruht ja auch darauf, dass wir auf gemeinsam geteiltes Wissen rekurrieren, über das wir uns auch austauschen.[40]

Keine geteilten Fakten, die ja immer auch neu verstanden werden müssen, wenn Situationen sich verändern, sondern Meinungen und dunkle Andeutungen auf ein dunkles, verborgenes Tun einer Elite, die allen Böses will. Da haben wir es gelegentlich mit abstrusen Schattenprojektionen zu tun: Die Impfung soll die Menschheit ausrotten … Verschiedene Akteure spielen bei diesen dunklen Fantasien zusammen. Es ist nicht nur einer, sondern es sind viele. Diese Narrative beziehen sich sehr deutlich auf den Schatten der Menschheit und die, die diesen Narrativen anhängen, gehen davon aus, dass sie (als Einzige) diesen Schatten der Menschheit sehr wohl erkennen können, ihren eigenen Schattenanteil daran erkennen sie aber nicht.

Verschwörungsnarrative sind kollektiv geteilte Imaginationen über dunkle, verborgene Abgründe und den daraus resultierenden Machenschaften von Menschen. Man folgt nicht immer den eigenen Imaginationen, sondern man adoptiert Imaginationen von anderen Menschen. Es sind vorgefertigte Vorstellungen, die man übernimmt und sie auch nicht verantwortet. Wenn „alle“ sie haben, werden sie schon richtig sein. Imaginationen können sehr hilfreich sein, aber sie können auch destruktiv sein. Wir müssen auch unseren Imaginationen gegenüber einen Standpunkt finden: Sind sie lebensdienlich oder schaden sie? Dies ist besonders wichtig, wenn wir Imaginationen von anderen Menschen übernehmen, die nicht mehr mit unseren eigenen Gefühlen verbunden sind.

Die Verschwörungsnarrative sind resistent gegen Falsifikation. Man ist wenig erfolgreich, wenn man nachweislich falsche Informationen verändern möchte. Es gibt zwar im Internet unterdessen schon jede Menge von Vorschlägen, wie man damit umgehen kann. Aber eigentlich sind die, die so einem Verschwörungsnarrativ anhängen, sehr resistent gegenüber Fakten, denn die werden kurzerhand als „Fake" identifiziert. In den Verschwörungsnarrativen stehen sich mindestens zwei Lager gegenüber: Wir, die Wissenden, die auch geheimes Insiderwissen haben, und sich dadurch auch einzigartig fühlen, und die anderen, die Unwissenden, die zwar versuchen, mit ihrem Pseudowissen die Macht an sich zu reißen, alles zu bestimmen, aber keine Chance haben werden.

Verschwörungsnarrative sollen die Angst bannen – Heldenmythen sind eigentlich dazu da, die Angst zu bannen. Verschwörungsnarrative lösen aber auch Angst aus, besonders auch, weil man mit vielen Menschen, die diesen Narrativen anhängen, nicht darüber diskutieren kann. Je mehr Menschen sich in der aktuellen Situation hilflos fühlen, die Unsicherheit, die ja faktisch besteht, nicht aushalten können, desto mehr werden solche Verschwörungsnarrative auftauchen und die Menschen ansprechen. Dass es darum ginge, Unsicherheit auszuhalten, ist ausgeblendet. Leben ist immer unsicher, aber mit der Pandemie ist vieles noch sehr viel unsicherer geworden. Miteinander über diese grundlegende Verunsicherung zu sprechen, zu verstehen, dass das eine zu bewältigende Herausforderung an alle Menschen ist, und etwas zu finden, das uns mehr innere Sicherheit gäbe, wäre wichtig. Gerade dieser Prozess wird aber umgangen, indem man Sündenböcke findet, diese bekämpft, statt dass man sich mit sich selbst auseinandersetzt. Und die neuen Sündenböcke sind oft die alten Sündenböcke … Auf die Sündenböcke projizieren wir unseren Schatten. Über Schattenanteile kann man mit Menschen sprechen, die sich für ihre Psyche interessieren, die sich entwickeln wollen, die auch einen Zusammenhang zwischen individuellen und kollektiven Prozessen sehen. Wenn Menschen aber der Ansicht sind, es gebe keine Innenwelt – nur die Welt außen, mit der wir uns herumschlagen –, dann sind solche Konzepte wie das Schattenkonzept, das viel erklärt, unverständlich, und möglicherweise könnten auch diese Ideen als „Fake“ abgetan werden. Deshalb wäre es wichtig, auch bei den Verschwörungsnarrativen genau hinzusehen und sie nicht einfach als zu einer Gruppe zugehörig zu sehen, die dann auch wieder verachtet wird. Auch so würde man nur kollektiv die Schattenträger abwerten, sie verachten. Man muss sich auch mit der eigenen Bereitschaft auseinandersetzen, Menschen, die anders denken, zu verachten. Andere zu verachten, könnte auch ein Schattenaspekt sein.

Aber wie damit umgehen? Fragen, wie diese Menschen mit der großen Ungewissheit umgehen? Was ihnen dieses Narrativ gibt? Zumindest sich freundlich darüber einigen, dass man sich in dieser Beziehung nicht einigen kann. Und dann die Lebensbereiche suchen, in denen man sich miteinander verständigen kann.

Wenn sich aber zwei Gruppen feindlich und einander abwertend gegenüberstehen, wird Vertrauen als soziales Kapital zerstört. Damit wird aber auch der Zusammenhalt der Menschen untereinander weniger und dadurch können Probleme, zu deren Lösung man einen gewissen Konsens braucht, weniger gut angegangen werden.

6. Vertrauen und Misstrauen: soziologische Perspektiven

Niklas Luhmann

Niklas Luhmann, Soziologe und Gesellschaftstheoretiker, hat bereits 1968 ein Buch über Vertrauen vorgelegt, das heute noch lesenswert ist: „Vertrauen. Ein Mechanismus der Reduktion sozialer Komplexität"[41]. Auf ihn geht die zentrale Aussage zurück, dass Vertrauen und Misstrauen Komplexität reduzieren, was für das menschliche Zusammenleben sehr bedeutsam ist. Auch in späteren Schriften ist Vertrauen ein wichtiges Thema für ihn.[42] Vor ihm und nach ihm sind noch viele Bücher zu Vertrauen geschrieben worden – ein Zeichen dafür, wie elementar wichtig dieses Thema ist.

Luhmann geht davon aus, dass Vertrauen immer eingebettet ist in soziale Praxis: Es gibt das personelle Vertrauen zwischen Menschen, aber dann auch das Vertrauen zwischen lebendigen und unlebendigen Dingen, zwischen Menschen und Systemen usw.

Zum Vertrauen gehört nach Luhmann unabdingbar das Risiko. Er macht das an einem eingängigen Beispiel deutlich: Wenn ich einen Stuhl hochheben will, dann erwarte ich, dass er ein gewisses Gewicht hat. Und ich bin erst dann erstaunt, wenn er fast kein Gewicht hat oder wenn er unerwartet schwer ist. Das ist aber nach Luhmann kein Vertrauen, das ist eine Erwartung, die enttäuscht werden kann. Das Ergebnis von Vertrauen hingegen ist nicht voraussagbar. Es ist also ein Risiko zu vertrauen. Und wenn es ein Risiko ist, dann kann es auch schiefgehen. Akzeptieren wir, dass wir ein Risiko eingehen, wenn wir vertrauen, dann akzeptieren wir auch, dass das Vertrauen enttäuscht werden kann, vielleicht sogar zerstört, dass wir verletzt sein werden. Indem man vertraut, akzeptiert man die eigene Verletzlichkeit. Man akzeptiert, dass es Vertrauensbrüche gibt und dass diese unsere Verletzlichkeit freilegen.

Warum vertrauen wir trotzdem? Nach Luhmann, weil wir vertrauen müssen, weil wir zu wenig Information haben, besonders, weil die Welt immer komplexer wird.[43] Wir tun es auch aufgrund der lebensgeschichtlich abgedeckten positiven Erwartung in das Verhalten von anderen Menschen: Man erwartet Aufrichtigkeit, Integrität, man zählt darauf, dass man sich auf das Wort des anderen verlassen kann, auf seine Kompetenz, dass man Hilfe bekommt, wenn man sie benötigt, dass man selbst Hilfe leistet, dass man kooperativ ist.

Und wahrscheinlich vertraut man gerade deshalb, weil wir verletzlich sind, und ohne Vertrauen zu wenig Geborgenheit haben. Aus unserer grundsätzlichen Verletzlichkeit heraus wagen wir Vertrauen, wissend, das uns gerade das enttäuschte Vertrauen wieder in unsere Verletzlichkeit zurückkatapultieren kann. Das ist wohl gerade das Risiko: Wir vertrauen, obwohl wir nicht wissen, ob wir vertrauen können.

Vertrauen – die riskante Vorleistung

Für Luhmann ist Vertrauen eine riskante Vorleistung,[44] sie ermöglicht es aber, Unsicherheiten in der Zukunft im Miteinander zu tolerieren. Vertrauen hat die Tendenz, mehr Vertrauen zu generieren.[45]

Das Misstrauen indessen, das ebenfalls Komplexität reduziert, hat eine Tendenz, sich „im sozialen Verkehr zu bestätigen und zu verstärken"[46]. Das verdeutlicht er am Beispiel der sogenannten „self fulfilling prophecy":[47] Ich habe das Gefühl, die anderen sind mir nicht wohlgesonnen, ohne dass man Anhaltspunkte dafür hat. Deshalb wappne ich mich, mache auch schon ein entsprechend böses Gesicht, und werde im Gegenzug auch unfreundlich angeschaut. Dann sind wir in unserer Erwartung bestätigt: Die anderen sind mir nicht wohlgesonnen. So wird Misstrauen generalisiert.

Wenn wir misstrauen, so Luhmann, dann erwarten wir, dass die anderen uns auch misstrauen, und dann schließen wir die anderen aus. Wir projizieren das Misstrauen.

Ein soziales System kann aber am wachsenden Misstrauen zugrunde gehen. „Es braucht Mechanismen, die verhindern, dass das Misstrauen überhandnimmt."[48] Kooperation ist dann nicht mehr möglich. Eigentlich müsste man sich auf die Ausbildung und Erhaltung wechselseitigen Vertrauens konzentrieren. Das ergibt Handlungsspielräume, bedeutet aber auch, dass es gepflegt werden muss. In diesem Sinne ist dann Vertrauen eine Art „Vertrauenskapital"[49].

Vertrauen ist das, was unsere Gesellschaft zusammenhält. Das interpersonelle Vertrauen, was wir von Mensch zu Mensch einander entgegenbringen, hat nach seiner Überzeugung auch eine Verbindung zu einem Systemvertrauen, einem Vertrauen in die Systeme oder auch einem Vertrauen in das Vertrauen anderer.[50] Wer in individuellen Beziehungen mehr vertraut, hat tendenziell auch mehr Vertrauen in Systeme, also in Regierungen, in die eigene Firma, in Theorien usw.

Für Luhmann ist Vertrauen in die Systeme eine Vorbedingung dafür, dass man das Risiko des Lebens überhaupt auf sich nehmen kann, eine Vorbedingung dafür, dass es Innovationen gibt, dass man verschiedenen Gruppen vertrauen und deshalb auch kooperativ sein kann. Gerade dann, wenn es schwierig wird, ist die Fähigkeit zur Kooperation gefragt.

In einer späteren Schrift[51] sinnt Luhmann über die Zukunft des Vertrauens nach. Angesichts der zunehmend großen Diversifizierung von Vertrautem und Unvertrautem in der Lebenswelt und den zunehmenden Risiken zukünftiger Schäden in der Welt von morgen, die durch unser gegenwärtiges aktuelles Handeln oder unsere Unterlassungen hervorgebracht werden, schwindet die Zuversicht auf Lösungen; man würde viele Risiken eingehen müssen, und das braucht Vertrauen.[52] Er befürchtet, dass wir in einen Teufelskreis geraten könnten: die Risiken des Vertrauens nicht eingehen, dadurch Möglichkeiten des Handelns verlieren und als Konsequenz die Zuversicht auf die Möglichkeiten, die in den Systemen liegen, verlieren und dadurch noch weniger vertrauen können. Vielleicht, so meint er, müssten wir in Zukunft mit der Angst über zukünftige Wirkungen von gegenwärtigen Entschlüssen leben.[53]

Erodiert das implizite Vertrauen, sind auch die Ängste nicht mehr gebannt: Wir müssen neu lernen, mit diesen existenziellen Ängsten umzugehen. So unterminiert zum Beispiel die Klimaforschung das implizite Vertrauen in die existierenden Systeme, und deshalb wird sie oft abgelehnt. Aber diese Forschungen sind notwendig, eine Veränderung ist unumgänglich. Diese ist aber nicht zu haben, wenn wir nicht in unseren Routinen erschüttert werden. Aber wir müssen uns mit den entsprechenden Ängsten auseinandersetzen – oder uns neu wieder mehr zum Vertrauen entschließen.

Francis Fukuyama

Francis Fukuyama ist ein US-amerikanischer Politikwissenschaftler, ein zeitkritischer Autor, der auch zu Fragen der Weltpolitik Stellung bezieht und sich damit auch immer einmal wieder in die Nesseln setzt. Unter seinen zahlreichen Publikationen sind für unsere Fragestellung vor allem zwei Werke wichtig: das Buch zum Vertrauen, „Trust" von 1995 (noch nicht ins Deutsche übersetzt), und das Buch „Identität" von 2018.[54]

Fukuyama ist der Ansicht, dass in den Jahrzehnten neoliberaler Hegemonie der Blick fast ausschließlich auf das Individuum gerichtet worden sei. Der Wunsch nach persönlicher Autonomie, als ein Versprechen für ein gutes Leben, der von der Psychoanalyse sehr unterstützt wurde, sei viel zu sehr in den Vordergrund gerückt worden und dadurch sei das interpersonelle Vertrauen weniger geworden, vor allem das Vertrauen in Fremdgruppen und in Systeme. Soweit eine seiner Thesen.

Entwicklungspsychologisch gesehen gibt es eine Verbindung zwischen Autonomieentwicklung und interpersonellem Vertrauen. Bei einer hinreichend geglückten Entwicklung steht beides in einer gewissen Balance, kann immer wieder in ein dynamisches Gleichgewicht gebracht werden. Wird Autonomie zu sehr betont – und das hat die Psychotherapie in den letzten Jahrzehnten, zumindest bis die Bindungstheorie eine große Bedeutung bekommen hat, gemacht –, tritt die Beziehung zu anderen Menschen in den Hintergrund. Ist autonom zu sein und autonom zu handeln ein großer Wert, dann möchte man das Risiko der Abhängigkeit vom anderen Menschen vermeiden. Man müsste dann weniger vertrauen. Zu einseitig auf Autonomie zu setzen, das hat man auch im Rahmen der Tiefenpsychologie, der Psychoanalyse, aber auch der Allgemeinen Psychologie erkannt, wurde aber durch die Bedeutung der Bindung und den damit verbundenen Forschungen seit den 60er Jahren konsequent korrigiert. Diese Forschungen gehen auf John Bowlby[55] zurück, einen englischen Psychiater, der ein angeborenes menschliches Bedürfnis nach Bindung postulierte, ein affektives Band zwischen Kindern und ihren Bezugspersonen. Wird dieses Bedürfnis nicht erfüllt, kann es zu schwerwiegenden Entwicklungsauffälligkeiten kommen.

Insofern ist die Diagnose von Fukuyama auch zu hinterfragen, wenn er meint, trotz Bindungstheorie könne es sein, dass die Entwicklung zur Autonomie in der praktischen Psychotherapie und in der gesellschaftlichen Aufnahme von psychologischen Konzepten doch immer noch einen großen Stellenwert einnimmt. Wer möchte denn nicht unabhängig werden, selbst bestimmen, zu sich selber finden, selber denken – das geht allerdings nur in Verbundenheit, und dieser Aspekt kann in Vergessenheit geraten.

Die bedrohte Demokratie

In seinem Buch „Identität. Wie der Verlust der Würde unsere Demokratie gefährdet“[56] führt Fukuyama aus, dass unsere liberalen Demokratien auf der ganzen Welt bedroht sind, nicht nur in den USA. Er überlegt sich, wie man diese Bedrohung abwenden könnte, wie man die liberalen Demokratien wieder herstellen könnte, und dazu braucht es Vertrauen.

Das Problem des Thymos

Fukuyamas Denkweg führt über die Auseinandersetzung mit der Thymusdrüse, dem Thymos, wobei er weiter zwischen „Megalothymia“ und „Isothymia“ differenziert. Er spricht davon, dass die zeitgenössischen liberalen Demokratien das Problem des „Thymos“ nicht wirklich gelöst hätten. Was meint er damit? „Thymos ist der Teil der Seele, der sich nach Anerkennung seiner Würde sehnt.“[57] Er bezieht sich hier auf die Thymusdrüse. Diese liegt hinter dem Brustbein, sie ist Teil des lymphatischen Systems und mit der Immunabwehr verbunden. In der griechischen Mythologie wurde der Thymos als Sitz der Lebenskraft des Menschen gesehen.

Für Fukuyama ist der Thymos der Teil der Seele, der sich nach Anerkennung sehnt, nach Respekt. Er unterscheidet dabei zwischen „Isothymia“, bei der alle Menschen die gleiche Anerkennung bekommen, alle als gleich empfunden werden, und „Megalothymia“, dem

Wunsch, von anderen als überlegen angesehen zu werden, der Betonung von Besonderheit. Als Beispiel für von Megalothymia geprägte Menschen nennt er heroische Führer wie Nelson Mandela, aber auch Tyrannen wie Cäsar oder Hitler. Menschen, die „nichts im Inneren aufweisen, keine höheren Ideale oder Ziele"[58] haben, müssen etwas Besonderes in der äußeren Welt anstreben. Daraus entsteht die Megalothymia. Es gibt Menschen ohne Innenwelt, die aber Anerkennung über Reichtum und allgemeinen Wohlstand oder Macht bekommen.

Was in unserer heutigen Welt notwendig ist, so Fukuyama, ist Isothymia. Angesichts der Globalisierung findet er, dass in den demokratischen Gesellschaften die Freiheit von allen nicht ausreichend bedacht wird, was eigentlich Aufgabe der Demokratie wäre, sondern vielmehr der Schutz von traditionellen nationalen Identitäten, von gewissen Ethnien, religiösen Strömungen ins Zentrum gerückt ist. Das erzeugt Unmut bei denen, die nicht vorkommen. Es gibt immer Menschen, die nicht vorkommen, und die fühlen sich dann als Gruppe herabgesetzt, erniedrigt, beleidigt. Deren Würde müsse man wiederherstellen. Das ist in Kürze die Idee, die er in diesem Buch ausarbeitet: Es braucht ein emotionales Gleichgewicht zwischen denen, die vorkommen, und denen, die nicht vorkommen.

Dazu braucht das Individuum die sichere Erfahrung von Identität. „Identität erwächst vor allem aus einer Unterscheidung zwischen dem wahren inneren Selbst und einer Außenwelt mit Regeln und Normen, die den Wert oder die Würde des inneren Selbst nicht adäquat anerkennt."[59] Fukuyama ist zwar Soziologe, diagnostiziert aber wie ein Tiefenpsychologe: Das innere Selbst muss wieder wichtig werden. Wir brauchen ein inneres Selbst in der Auseinandersetzung mit Werten, mit Normen, mit der Gesellschaft. Und erst das könnte dann zu einem guten politischen Handeln führen. „Wir benötigen eine bessere Theorie der menschlichen Seele."[60] Dazu gehört die Anerkennung der Gleichwertigkeit der Menschen.[61] Der Kampf um Anerkennung ist ein Thema, das auch den Sozialphilosophen Axel Honneth bewegt: Würden wir einander anerkennen, entstände soziale Wertschätzung verbunden mit Selbstachtung; wechselseitige Anerkennung wäre fundamental für das Verhältnis von Ich und Wir.[62]

Fukuyama meint, wenn diese Anerkennung geleistet werde, auch im öffentlichen Raum, dann könnten die Menschen wieder vertrauensvoll miteinander umgehen.[63] Inneres Selbst und äußeres Selbst sollten beide anerkannt werden, vor allem aber sollte das innere Selbst zugelassen werden. Er rekurriert auf Rousseau, der der Ansicht war, dass viele inneren Gefühle, auch die Quelle der Kreativität, von der Gesellschaft verdrängt worden seien, und es gehöre zur menschlichen Würde, das authentische innere Selbst wiederherzustellen, anzuerkennen.[64]

Das innere Selbst

Zur Beschreibung dessen, was Fukuyama unter dem inneren Selbst versteht, bezieht er sich auf einen Text von Martin Luther: „Von der Freiheit eines Christenmenschen", ein Text von 1520. Er zitiert daraus, dass

„ein jeglicher Christenmensch zweierlei Naturen hat, eine geistige und eine leibliche. Nach der Seele wird er ein geistlicher, neuer, innerlicher Mensch genannt, nach dem Fleisch und Blut wird er ein leiblicher, alter und äußerlicher Mensch genannt."[65] Martin Luther wird also als Gewährsmann dafür hinzugezogen, dass wir Menschen eine Innenwelt und eine Außenwelt haben und diese verbinden müssen.

Ich finde es erstaunlich, dass ein amerikanischer Soziologe mit japanischen Wurzeln bei Luther die Existenzberechtigung der Innenwelt ableitet. Praktisch schlägt er vor, auch hier das Bedürfnis des Thymos, die wechselseitige Anerkennung, zu gewährleisten: Die innere und die äußere Welt müssen in ein Gleichgewicht gebracht werden, was aktuell heißt, dass die vernachlässigte innere Welt priorisiert werden muss, dass sie zumindest zu ihrem Recht kommen sollte. Diese Forderung verstehen wir Tiefenpsychologinnen und Tiefenpsychologen von einer anderen Warte aus sehr gut. Wir haben schon seit längerem den Eindruck, dass die Innenwelt vernachlässigt wird, auch keine Lobby hat, sich aber durchaus in Burnouts oder generalisierten Angststörungen zeigt. Im Gegensatz zur vernachlässigten Innenwelt wird die äußere Welt dominierend: Was zählt, ist Geld, Erfolg, wie man sich geben muss, um dazuzugehören … Unterdessen ist allerdings das Interesse am Umgang mit den Emotionen und den Gefühlen gewachsen, und das ist etwas, was Innenwelt und Außenwelt verbindet. Ohne Innenwelt wäre man angesichts der vielen rasanten Veränderungen in der Wirtschaft, in der Technik, im sozialen

Raum dieser verwirrenden Vielfalt noch hilfloser, als wir es eh schon sind.

Gemeinschaften und Vertrauen

Fukuyama konstatiert, dass in den letzten 20 Jahren gesellschaftlich eine Verschiebung von den Gemeinschaften zu den Gesellschaften hin erfolgt sei. Gemeinschaften haben viel mehr Nähe, in der Gemeinschaft hat man auch viel mehr geteilte Werte. Er meint, mit seiner Vorstellung von der Psyche wäre es wieder möglich, dass viele kleinere Gemeinschaften entstehen, in denen die Menschen wieder kooperativ sind; auch die universelle Anerkennung der unterschiedlichen Werte wäre wieder möglich – nicht nur die Anerkennung, die einzelne Gruppen lautstark für sich einfordern, wie es heute der Fall ist und wodurch andere Gruppen immer wieder ausgeschlossen werden. In diesen kleineren Gemeinschaften könnten die verlorenen Bindungen wiederhergestellt werden und damit das wechselseitige Vertrauen. Vertrauen ist soziales Kapital.[66] Soziales Kapital ist ein Potenzial, verspricht Kooperation zwischen zwei oder mehreren Menschen, beruht auf Gegenseitigkeit und kann im Umgang mit Freunden aktiviert werden. Daraus werden Netzwerke. Das soziale Kapital ist verbunden mit Aufrichtigkeit, der Norm, Verpflichtungen einzuhalten, mit Reziprozität. Soziales Kapital ermöglicht eine dichte Zivilgesellschaft, in der viel Freiheit und Kooperation gewährleistet sind. Es entsteht eine Gruppensolidarität, die oft mit der Feindschaft gegen andere Gruppen verbunden ist. Wie weit geht der Radius des Vertrauens? Man kann sich um die Familie sorgen und für sie sorgen und da vertrauensvoll und engagiert leben, sich aber gegen außen abspalten. Und wenn man „der Öffentlichkeit“ nicht vertraut, kann man von ihr vielleicht etwas Vorteilhaftes abzweigen für die Familie.

Starke Kohäsion in einer Gruppe kann mit viel Misstrauen gegen außen verbunden sein. Leider ist dieses Verhalten in uns biologisch angelegt: Das Kuschelhormon Oxytocin ist ein Bindungshormon und weckt in der nahen Gruppe prosoziale Gefühle, dämpft Angst und Aggression, weckt aber Aggressionen gegen Außengruppen. Das muss man wissen, und es wird wohl die beste Lösung sein, wenn wir immer mehr „Fremde“ kennenlernen und sie zu Freunden machen.

Die Thesen von Francis Fukuyama werden heute diskutiert und gelegentlich auch als unrealistisch abgetan. Ich finde seinen Ansatz interessant, die Umsetzung in die Praxis zwar schwierig, aber gerade aus psychologischer Perspektive notwendig.

Ich habe die Darstellung dieser soziologischen Perspektiven, die natürlich breit ergänzt werden könnte, eingebracht, weil mir wichtig erscheint, dass Vertrauen nicht nur interpersonell ist, sondern dass dieses persönliche Vertrauen Auswirkungen auf größere Gruppen und Systeme hat. Bregmann, ein Historiker und Denker, der davon überzeugt ist, dass der Mensch im Grunde genommen gut ist, stellt die provozierende Frage: „Was, wenn wir die gesamte Gesellschaft auf Vertrauen gründen würden?“[67] Dann stellt sich aber die Frage, wie wir Vertrauen fördern können.

7. Emotionen und Gefühle, die Vertrauen fördern

Wir übernehmen Emotionen und Gefühle von unseren Mitmenschen – bewusst, öfter aber auch unbewusst. Wir sind dann emotional angesteckt, und je nachdem, um welche Emotionen es geht, fühlen wir uns besser oder schlechter. Von Emotionen, die Vertrauen fördern, könnte man sich gefahrlos anstecken lassen.

Freude und Freundlichkeit

Freude haben wir dann, wenn etwas besser, schöner, überraschender, eindrücklicher ist als erwartet. Wenn wir uns freuen, dann sind wir einverstanden mit uns selber, mit den anderen, mit der Welt. Und von daher ist Freude die Emotion, die Verbundenheit fördert, Bindung erlebbar macht. Freude vermittelt Geborgenheit, ein Vertrautsein miteinander: Wir verbrüdern und verschwestern uns. In der Folge können wir auch zu naiv vertrauen, alle Skepsis ausschalten. Aber wir vertrauen. Freude schafft Vertrautheit und Nähe, Wärme. Menschen, die lächeln, werden als „vertraut“ wahrgenommen, als freundlicher erlebt, und sie regen zu positiven Interaktionen an. Menschen, die einen freundlichen Gesichtsausdruck haben, die lächeln, hält man für vertrauenswürdiger. Lächeln fördert das gegenseitige Vertrauen.[68]

In Situationen in denen wir uns freuen – sehr oft gemeinsam mit anderen Menschen –, sind wir vertrauensvoll gestimmt, ohne dass wir uns dessen bewusst sind. Es ist in dieser von der Emotion Freude geprägten Situation eine Selbstverständlichkeit: Man freut sich miteinander, man vertraut einander. In der Folge ist man sehr offen, also auch verletzbar, und wenn diese Offenheit missbraucht wird, fühlen wir uns sehr verletzt und gekränkt. Manche Menschen wehren die Freude ab, weil sie sich schützen wollen. Das ist aber ein teurer Schutz, denn die Freude ist eine Emotion, die wesentlich zu unserem psychischen und körperlichen Wohlbefinden beiträgt. Wenn wir uns freuen, bekommen wir etwas, das Leben schenkt uns etwas, etwa im Unterschied zur Trauer, die entsteht, wenn uns etwas weggenommen wird oder wurde. Im Modus des Bekommens erleben wir Freude, und das tut uns wohl. Wir kooperieren besser, sind inspirierter – eine gute Voraussetzung für Kreativität. Das Risiko, das darin liegt, in der Freude einander zu vertrauen, ist sicher von jedem und jeder nachvollziehbar: Wer hat sich nicht schon in einer freudigen Situation freudig exponiert, und andere haben dann ihren Nutzen daraus gezogen, und sei es nur im Sinne der Rivalität. Dennoch: Sich vor solchen Verletzungen zu schützen kostet zu viel an Lebendigkeit und Beziehungsreichtum.

Es wäre sinnvoll, die ganz alltäglichen Freuden besser wahrzunehmen. Sie haben nicht nur einen Einfluss auf Vertrauensbeziehungen, sie stärken auch unser Immunsystem.

Kama Muta

In den letzten Jahren wird ein neues Gefühl beschrieben, das wir zwar kennen, das aber noch nie so gründlich erforscht und in seiner möglichen Wirkung auf das soziale Miteinander bedacht worden ist. Dieses Gefühl wird „Kama Muta“ genannt. Kama Muta ist aus dem Sanskrit entlehnt und bedeutet „bewegt durch Liebe und Zärtlichkeit“,[69] vor allem aber auch: bewegt durch die Liebe und Zärtlichkeit von anderen.

Die meist englischsprachigen Forscherinnen und Forscher halten folgende Gefühlsregungen als konstitutiv für Kama Muta: „Bewegtsein, Berührtsein, Gerührtsein, Aufgeregtsein, Gepacktsein, sich emotional erhoben fühlen, Erschüttertsein“, zusätzlich nennen sie das deutsche Wort „Ergriffensein“. Ergriffensein hat keinen entsprechenden Ausdruck im Englischen. Es geht um die Erfahrung von Zärtlichkeit, Sehnsucht, Ekstase, Liebe; religiöse Menschen können den Ausdruck „vom Geist berührt sein“ für stimmig halten. Weil keiner dieser einzelnen Gefühlszustände und die dazugehörigen Begriffe abdeckt, was die Erfahrung dieses Gefühls ist, haben die Forscher dafür das Sanskritwort „Kama Muta“ gewählt.

Das Erleben von Kama Muta

Kama Muta wird beschrieben als ein inneres Ergriffensein, als ein Bewegtsein, als Reaktion auf Szenarien, die sich besonders stark auf prosoziale Bindungstendenzen beziehen. Diese Szenarien zeichnen sich meistens dadurch aus, dass eine plötzliche Intensivierung des

Gemeinschaftsgefühls erlebt und miteinander geteilt wird. „Plötzlich“ meint auch überraschend, könnte aber auch bedeuten, dass einem plötzlich aufgeht, dass man ein Teil von einem größeren Ganzen ist. Das Gefühl entsteht aus der emotionalen Ansteckung.

Diese Situationen können aus dem persönlichen Leben stammen, also zum Beispiel: die Geburt eines Kindes, Feste in der Familie, Feste mit Freundinnen und Freunden, Trauungen, große Geburtstage, Beerdigungen. Die Teilnahme an einem Ritual, die Rezitationen von melodiösen Texten, ein gemeinsames Musikerleben können auch Kama Muta auslösen. Oder man wird Zeuge bzw. Zeugin einer unerwarteten großen Freundlichkeit. Es kann auch darum gehen, dass Menschen nach einer großen, schwierigen Trennung wieder zusammenfinden, und man hat mitgelitten bzw. ist erlöst worden, denn etwas ist wieder gut geworden. Man kann selbst an diesen Situationen aktiv beteiligt sein, sie beobachten oder aber solche Szenarien auch nur in Filmen sehen, über solche Erfahrungen lesen – die damit verbundenen Erinnerungen und Gefühle sind uns in der Imagination zugänglich. Es erscheint mir als besonders bedeutsam, dass wir diese Gefühle in unseren Vorstellungen wieder aktivieren können. Unsere Erinnerungsfähigkeit und unsere Erwartung, diese Gefühle wieder zu erleben, genügen, um sie zu reaktivieren.

Diese Ergriffenheitsgefühle können auch aus größeren sozialen Bindungszusammenhängen stammen und mit Stolz verbunden sein: Eine Sportlerin der eigenen Nation gewinnt bei der Olympiade überraschend eine Medaille. Die Landeshymne wird bei der Übergabe der

Medaille gespielt, die Sportlerin kämpft mit den Tränen, die Zuschauer auch. Eigentlich hat man keinen Anlass zum Weinen, aber gegen diese Ergriffenheit kann man sich nur schlecht wehren. Plötzlich ist man ergriffen von einer gemeinschaftlichen Emotionalität. Das ereignet sich aber nur, wenn man einen sozialen Bezug zu der entsprechenden Sportlerin herstellen kann – das wäre hier, dass die Sportlerin aus dem eigenen Land stammt. Diese Situationen entstehen nicht aus unserer Selbstwirksamkeit heraus, sondern man ist empathischer Beobachter, empathische Beobachterin, nimmt damit eigentlich aus einer Zeugenperspektive wahr – und dennoch ganz dabei.

Kama Muta wird also als ein positives soziales Beziehungsgefühl beschrieben, das durch das Beobachten von oder das Teilnehmen an einem gemeinschaftlichen Erleben hervorgerufen wird. Eine Erfahrung, die wir mit anderen teilen, ist bewegend, berührend, herzerwärmend, ergreift uns. Körperlich wird diese Erfahrung von einem Wärmegefühl in der Brust, von aufsteigenden Tränen bis zum Weinen, von Erregtheit und Heiterkeit, vielleicht auch von Gänsehaut begleitet.

Zu diesem Gefühl wird viel geforscht, zum Beispiel über das Vorkommen und die Wirkung dieses Gefühls in verschiedenen Kulturen.[70]

Religiöse Zeremonien können „Kama Muta" wecken – in allen Kulturen.[71] Das ist möglicherweise ein Grund, warum religiöse Zeremonien so beliebt sind: Es ist ein Gemeinschaftserleben, oft auch verbunden mit Textrezitationen und Musik. Das Erleben von Musik – vor allem auch in einer größeren Gruppe – kann ergreifen, und die Gruppe verstärkt natürlich diese Ergriffenheit, wir Menschen stecken uns wechselseitig mit unseren Emotionen an. In einer großen Gruppe erleben wir Situationen daher auch stärker, als wenn wir allein zu Hause die Musik hören, die uns allerdings auch da ergreifen kann.

Solche ergreifenden Gemeinschaftserfahrungen entstehen auch in Situationen des Leids, der Trauer, bei Verlust. Bei Beerdigungen kann man durchaus dieses Kama-Muta-Gefühl spüren: Trauer, Dankbarkeit, Verlassenheit und gleichzeitig auch verbunden zu sein mit all den Menschen, die mittrauern.

Die Wirkung dieses Gefühls von Ergriffenheit

Das plötzliche Gemeinschaftserleben stimuliert Gefühle der Verbundenheit, der Zugehörigkeit, Freundlichkeit, des Vertrauens, des Mitgefühls, aber auch das Empfinden von geteilter Verantwortlichkeit, Großzügigkeit. Weil man miteinander in einer tief emotionalen Weise verbunden ist, sich einem größeren Ganzen verbunden fühlt, kann man großzügig sein, spüren, dass in dieser Situation das „Mein" und das „Dein" nicht mehr getrennt sind: Was mir gehört, gehört auch dir. Kama Muta befördert die soziale Solidarität. Eine große Nähe ist erfahrbar und ein umfassendes Gefühl von Akzeptanz – von sich selber und von anderen – wird erlebbar. Wir sind im Raum des Vertrauens, erleben ein für den Moment unumstößliches Zugehörigkeitsgefühl.

Unterstützt wird dieses Gefühl des Einsseins und der Zugehörigkeit auch durch das Bedürfnis, sich körperlich nahezukommen, sich zu umarmen. Man ist ganz bei den anderen und dennoch auch ganz bei sich: Man transzendiert sich in diesem Gefühl.

Kama Muta ist eine positive Emotion, eine universelle Disposition, also archetypisch, eine Emotion, die man sucht und die man gerne an andere weitergeben möchte. Die zentrale Erfahrung des Verbundenseins mit allen und allem dauert nur etwa ein bis zwei Minuten, sie kann aber immer wieder in der Vorstellung wieder erlebt werden. Sie energetisiert, erfrischt, macht optimistisch. Kama Muta ist eine soziale Freude aus dem Zusammensein, aus dem sozialen Miteinander mit anderen, eine höchst intensive Form der Freude. Deshalb gibt es auch diese Gefühle der Verbundenheit, auch der Verbundenheit mit dem Leben überhaupt. Diese Emotion brauchen wir, damit wir Menschen solidarisch sind. Natürlich fragt man sich, ob man in Zeiten vermehrter gesellschaftlicher Spaltungen und des erodierenden Vertrauens mehr auf das Erleben dieser Gefühle hinweisen könnte. Immerhin gibt es im Internet schon einige Filme, die Kama Muta auslösen (sollen). Dieses Gefühl müsste von vielen als ein attraktives Gefühl ersehnt und praktiziert werden.

Die Kehrseite ist jedoch: Kama Muta kann auch ausgelöst werden, wenn eine problematische Ideologie „gefeiert" wird. Das Gefühl, Teil eines größeren Ganzen zu sein, kann dann als bedeutsamer erlebt werden als das Nachdenken und das sich gegebenenfalls Abgrenzen von der entsprechenden Ideologie. Man kann nicht nur von der Emotion angesteckt sein, sondern in der Folge auch vom entsprechenden ideologischen Denken.

Ansteckung durch Kama Muta

Wenn Erfahrungen, die Kama Muta ausgelöst haben, bewusst miteinander geteilt werden, Menschen miteinander darüber sprechen, entsteht eine dichte emotionale Erfahrung: Alle sind in Resonanz zu den einzelnen Erzählungen, und es werden immer mehr Erlebnisse geteilt: Da spricht jemand von einem Gedicht, das Kama Muta ausgelöst hat, ein anderer davon, dass in einem Vortrag der Vortragende vom Sterben seiner Frau gesprochen hatte und plötzlich dieses Gefühl des Ergriffenseins aufbrach. Es wurde deutlich: Diese Gefühle sind da, und wenn man sie wahrnimmt, sind sie beglückend und bringen uns in Resonanz mit den tiefen Erfahrungen anderer Menschen, stellen Nähe her und viel Vertrauen.

Diese Erfahrungen sind in der Imagination zugänglich, und es empfiehlt sich, Tagträume und Erinnerungen zu kultivieren, in denen es um Kama Muta geht. Es ist für unser Wohlbefinden wichtig, dass wir uns auch mit uns erhebenden Imaginationen beschäftigen. Die Forschungen zu Tagträumen geben uns relativ gesicherte Ergebnisse dafür, dass die emotionale Qualität unserer Tagträume unser Erleben beeinflussen:[72] Wenn wir uns mit etwas Heiterem beschäftigen, heitert uns das auf, und wir werden mehr heitere Einfälle erinnern. Beschäftigen wir uns dagegen mit niederdrückenden Imaginationen, drückt das auf unsere Stimmung und bewirkt zudem, dass uns immer noch mehr Negatives einfällt. Wir können mit den Bildern und mit den Geschichten, auf die wir uns konzentrieren, auch mit unseren inneren Bildern, in einen Dialog treten. Es ist nicht so, dass man einfach mit einem schönen Bild eine Depression verdrängt, aber wir haben ja nicht nur depressive Gefühle. Zumindest können wir uns zwei verschiedene Emotionen und ihre Bilder vergegenwärtigen, sie nebeneinandererleben, wie etwa Freude und Trauer. In diesem Zusammenhang könnten Fantasien, die Kama Muta auslösen, eine bedeutende Rolle spielen.

8. Vertrauensverlust und Wiederherstellung von Vertrauen

Vertrauen wird mehr, wenn wir es pflegen, und weniger, wenn es enttäuscht wird. Vertrauen kann aber auch wieder neu aufgebaut werden. Das ist besonders wichtig, weil sonst das Misstrauen überhandnimmt und die Beziehung zerstören kann. Wie gehen wir mit Vertrauensbrüchen um?

Es ist für uns selbstverständlich: Wir vertrauen, bringen anderen Menschen Vertrauen entgegen, sind vertrauenswürdig – und andere Menschen vertrauen uns auch, halten uns ebenfalls für vertrauenswürdig. Wenn wir einen Menschen neu kennenlernen, sind wir vielleicht etwas vorsichtig: Können wir ihm, ihr vertrauen? In welcher Hinsicht? Aber meistens haben wir eine Intuition, die uns natürlich auch täuschen kann, und wenn wir jemanden etwas näher an uns heranlassen, dann geben wir einen Vertrauensvorschuss, entschließen uns zum Vertrauen. Wenn wir uns nicht so ganz sicher sind, regulieren wir das Problem mit Nähe und Distanz: Ist jemand nur bedingt vertrauenswürdig, dann lassen wir ihn nicht so nah in unser Leben hinein. Einfach einmal zu vertrauen ist ein Risiko – wir wissen das. Aber nicht zu vertrauen ist auch ein Risiko. Das ist anstrengend und man bleibt sehr allein.

Im menschlichen Zusammenleben wird uns Vertrauen entgegengebracht, und umgekehrt bringen wir anderen Menschen Vertrauen entgegen, und zwar viel mehr, als wir bewusst wahrnehmen. Wir schenken einander Vertrauen. Manche denken, sie hätten sich das Vertrauen durch vertrauenswürdiges Handeln „erworben". Ich dagegen meine, dass Vertrauen geschenkt wird, der menschlichen Freundlichkeit entspringt und auch dem Mut, ein Risiko einzugehen. Zu vertrauen kann ein Fehler sein, vielleicht folgt Scham darüber, dass man so vertrauensselig war. Aber meistens gehen wir davon aus, dass die, denen wir vertrauen, dieses Vertrauen nicht missbrauchen – oder nur irrtümlicherweise. Über Irrtümer kann man sprechen und man kann sie klarstellen. Indem man eine Situation als Irrtum erklärt, kann ein Gefühl des Vertrauensbruchs gerade noch vermieden werden. Man erklärt sich, entschuldigt sich – und weiß, dass man gerade noch an einem Problem vorbeigeschrammt ist.

Wenn wir vertrauen, sind wir offen, wir können darüber sprechen, was uns wirklich wichtig ist, was wirklich lebendig ist in uns, wir können uns über unsere Gefühle miteinander austauschen. Wir zeigen uns – und das kann missbraucht werden, Menschen können uns beschämen, verletzen. Dann erleben wir einen Vertrauensbruch, und Vertrauensbrüche schmerzen. Eine enge, Geborgenheit versprechende Bindung zu einem anderen Menschen, die sich über eine längere Zeit entwickelt hat, immer auch etwas belastbarer geworden und hoffentlich auch ein Garant für die Zukunft ist, droht zu zerbrechen oder ist bereits zerbrochen. Wir verlieren etwas, das für uns sehr wichtig war und ist.

Was ein Vertrauensbruch für uns bedeutet, erschließt sich uns aus der Bedeutung, die Vertrauen in einigen spezifischen Beziehungen hat, aus dem, was dieses Vertrauen in unser Leben „hineinbringt“. Wenn wir einmal über unsere verschiedenen Vertrauensbeziehungen reflektieren, können wir uns etwa fragen: Was wird uns dadurch möglich, dass wir jemandem vertrauen? Was hat das Vertrauen zu nahen Freunden in unserem Leben für eine Wirkung, und in welchen Situationen sind wir angewiesen auf dieses Vertrauen, brauche ich es? Wie wirkt sich das Vertrauen – oder auch das mangelnde Vertrauen – am Arbeitsplatz aus?

Wir können uns aber auch fragen, wie es sich anfühlt, wenn andere Menschen uns wahrnehmbar vertrauen, vielleicht sogar unvermittelt vertrauen: Das fremde kleine Kind, das weinend meine Hand nimmt und mir bedeutet, dass wir jetzt seine Mutter suchen müssen. Wie fühlen wir uns, wenn man uns sagt: Du bist vertrauenswürdig, auf dich kann ich mich verlassen? Es ist eine Akzeptanz, die Selbstvertrauen auslöst, löst freundliche Gefühle aus und verstärkt dadurch die vertrauensvolle Bindung. Aus diesen Gefühlen der Verbundenheit heraus können wir uns auch über schwierige Situationen austauschen, etwa über unsere Ängste sprechen, aber auch neue Ideen miteinander entwickeln, die noch nicht ausgegoren sind, ohne Angst, dass der oder die andere das jetzt lächerlich findet. Man kann etwas riskieren, und es ist besonders in kreativen Prozessen ein großes Glück, wenn man miteinander Ideen teilen und sie entwickeln kann. Das können wir dann nicht, wenn Neid im Spiel ist. Dann können wir uns nicht darauf verlassen, dass der andere wohlwollend mitgeht, mitdenkt. Neid zerstört Vertrauen.

Wir können einander durch Vertrauen ein intensiveres Leben ermöglichen, aber gegenseitiges Vertrauen ist keine schattenfreie Zone. Der Schatten gehört zum Menschen, wir alle haben eine gewisse Fehlbarkeit. Und den Schatten, die Seiten, die uns peinlich sind, für die wir uns schämen, über die wir auch zutiefst unglücklich sein können, verdrängen wir. Was wir verdrängen, kann sich auch leicht wieder aktualisieren, ohne dass wir uns darüber bewusst sind, das heißt aber auch, dass wir keine Kontrolle darüber haben. Es geschieht einfach. Schattenhaftes Verhalten kann das Vertrauen stören, besonders dann, wenn man nicht mit schattenhaftem Verhalten des anderen oder von sich selber rechnet.

Beziehung gründet auf Vertrauen – ist aber mehr als Vertrauen

Vertrauen lässt Beziehungen entstehen, Vertrauen wird in Beziehungen aufgebaut und auch enttäuscht. Vertrauen als emotionale und ethische Grundhaltung muss vorhanden sein, damit man von einer emotional nahen Beziehung sprechen kann. Darüber hinaus braucht es aber auch das gegenseitige Interesse, das Wahrnehmen, das Begehren, die Anregung, Hilfestellung und vieles mehr. Bei einer Arbeitsbeziehung erleichtert das gegenseitige Vertrauen viel, aber es braucht auch die spezifische Kompetenz, vernünftige Kommunikation und noch vieles mehr.

Dosiertes Vertrauen

Wir sind manchmal skeptisch: Vielleicht ist das sogar ein kalkuliertes Vertrauen oder ein kalkuliertes Misstrauen. Die Skepsis kann als Brücke zwischen beidem gesehen werden. Wenn wir skeptisch sind, vertrauen wir nicht mehr blind, misstrauen aber auch nicht einfach: Wir reflektieren: Ist das, was angeboten wird, was gesagt wird, im Rahmen von vernünftigen Erwartungen in Ordnung? Fühlt es sich richtig an? Kann ich vertrauen? Oder fühlt es sich nicht richtig an, trotz aller Versicherungen? Sind wir skeptisch, dann halten wir inne, halten unser Vertrauen zunächst auch zurück, reflektieren über die Vertrauenswürdigkeit der anderen. Oder man dosiert das Vertrauen. Wenn man nicht sicher ist, ob ein befreundeter Mensch die ihm anvertrauten Geheimnisse, die nicht für andere Ohren bestimmt waren oder die noch nicht ausgegoren sind, auch wirklich für sich behalten kann, dann wird man sich gut überlegen, welche Gedanken man mit diesem Menschen teilt. Man kann diesem Menschen in vielen Bereichen vertrauen: vertrauen, dass er einem in einer schwierigen Situation hilft, einen tröstet, vielleicht aus einer Depression herausholt. Aber wenn man nicht sicher ist, dass er nicht etwas ausplaudert, wird man in diesem Zusammenhang eben nicht vertrauen. Und das heißt dann nicht, dass man grundsätzlich diesem Menschen misstraut, sondern man weiß um die Schwachstelle in dieser Beziehung und verhält sich entsprechend, um nicht immer wieder enttäuscht zu werden. Dosiertes Vertrauen ist eine Reaktion darauf, dass Enttäuschungen vorkommen und man damit rechnen muss.

Ganz vertraulich

„Ganz im Vertrauen …“ – so sagt man, wenn man ein vertrauliches Gespräch führen möchte. Und hofft, dass der andere Mensch diese spezielle Form der Kommunikation, die ja ein Geschenk an Nähe sein kann, auch entsprechend versteht und die Vertraulichkeit einhält. Aber so ganz sicher sind wir uns dessen nicht, können wir uns dessen nie sein. Viele Kränkungen im Laufe des Lebens können dadurch entstehen, dass Mitteilungen, die vertraulich gemeint waren und nur für diesen einen Menschen bestimmt, an andere weitergegeben wurden. Das kann als Verrat erlebt werden und führt oft dazu, dass man keine vertraulichen Gespräche mehr führt, diese Nähe, die damit verbunden ist, nicht mehr wagt. Das ist oft ein zentrales Thema in therapeutischen Prozessen.

Das Besondere und Kostbare am therapeutischen Prozess ist, dass er wirklich ganz und gar vertraulich ist, vertraulich sein muss. Es gehört geradezu zur Vertrauensbildung im therapeutischen Prozess, dass es für den Patienten oder die Patientin unabdingbar gewiss ist, dass nichts von dem, was gesagt wird, den therapeutischen Raum verlässt. „Ist das wirklich vertraulich?“, fragen Patienten und Patientinnen oft zu Beginn einer Therapie. Und viele sagen am Ende einer Therapie, dass gerade diese unbedingte Vertraulichkeit zentral wichtig für sie war: Sie konnten sagen, was sie wollten, und es blieb in diesem Raum, was natürlich besonders wichtig für Menschen ist, deren Vertrauen immer wieder einmal verraten wurde …

Enttäuschtes Vertrauen oder enttäuschte Erwartungen?

Erwartungen bezüglich wechselseitiger Zuwendung aus dem Vertrauen heraus sind wichtig, aber es kann dabei nicht festgeschrieben werden, wie diese Zuwendung genau auszusehen hat, und wir haben auch kein Anrecht darauf. Es ist – wie schon gesagt – ein Risiko, nicht selten eine Vorleistung, die wir erbringen, ohne darauf rechnen zu können, dass sie honoriert wird.

Bei Vertrauensproblemen geht es oft um zu genaue Erwartungen, etwa: Ich erwarte, dass du mir diesen oder jenen Wunsch erfüllst. Ich erwarte, dass du deine Wünsche zurückstellst und meine Wünsche an die erste Stelle stellst. Das sind zum Beispiel genaue Erwartungen, die wir gelegentlich in der Partnerschaft haben, ausgesprochen oder unausgesprochen. Und verknüpft damit ist die meistens nicht ausgesprochene Folgerung: Wenn du deine Wünsche endlich mal hintanstellst und meine zuerst berücksichtigst, dann kann ich dir vertrauen. Doch das ist kein Vertrauen, das ist ein Handel.

Wenn das Erwartete nicht eintrifft oder nicht so, wie es der präzisen Erwartung entspricht, führt das zu Enttäuschung und Kränkung, gibt es einen Konflikt, das Vertrauen wird weniger. Aber eigentlich geht es hier gar nicht um Vertrauen, sondern um Habenwollen und Ansprüche. Wenn in Partnerschaften Vertrauen als die Forderung verstanden wird, dass der andere präzisen Erwartungen zu entsprechen hat, geht das in der Regel mit Konflikten einher, die relativ bald aufbrechen, und dann kann man das Vertrauen nicht so leicht wiederherstellen.

Diese präzisen Erwartungen mögen aus einem gewissen Ungleichgewicht in der Beziehung stammen – jede Beziehung kommt immer einmal aus dem Gleichgewicht und strebt auch immer wieder neu nach einem Gleichgewicht –, aber dies ist kein Problem des Vertrauens. Wenn wir solche normalen Beziehungsprobleme, die natürlich diskutiert werden müssen, zu Vertrauensproblemen machen, schwächen wir die Grundlage der Beziehung.

Hoffnung und Erwartung

Hoffnung und Erwartung beziehen sich – wie auch das Vertrauen – auf die Zukunft. Erwartung steht in einem Zusammenhang mit der Hoffnung, muss aber von ihr unterschieden werden.

Die Hoffnung ist eine Begleitemotion des Lebendigseins, die uns auf „etwas Besseres" in der Zukunft uns beziehen lässt. Dieses Bessere ist noch nicht benennbar, es kann alles Mögliche sein, ist weit gehalten – unpräzise. Es ist eine selbstverständliche Grundüberzeugung, die trägt und die das Leben auch in schwierigen Zeiten erträglich sein lässt. Man hofft, dass es irgendwann wieder leichter wird, lichter wird, etwas Entscheidendes geschehen wird, das man noch nicht kennt. Hoffnung lässt offen und hält uns doch in einer positiven Erwartung.

Wenn wir etwas erwarten, lässt sich das präzise beschreiben. Wir können etwa erwarten, dass wir uns morgen mit interessanten Menschen zu einem Austausch treffen werden. Das Datum ist präzise, es ist abgemacht. Dieser Teil der Erwartung wird wohl nicht zu einer Enttäuschung führen. Aber ob wir dann die Gruppe wirklich „interessant" finden werden? Auf jeden Fall sind die Erwartungen präzise. Da gibt es nur noch eine Erwartung und dann allenfalls eine enttäuschte Erwartung. Es kann dabei um nicht eingehaltene Versprechungen gehen oder aber darum, dass man Erwartungen an andere Menschen hat, die diese nicht teilen oder nicht teilen können. Erwartet jemand, dass sich alle Gäste bei einem Fest freudig und liebevoll begegnen, dann ist das eine riskante Erwartung, die die Realität der verschiedenen Menschen ausblendet. Die nicht ausbleibende Enttäuschung hätte dann den Sinn, sich über die eigenen Erwartungen klar zu werden, sich einzugestehen, dass man sich getäuscht hat. In einer solchen Situation kann zwar beklagt werden, dass das „Vertrauen in die Menschheit" immer wieder erschüttert wird, aber es geht gar nicht um einen Vertrauensbruch, es geht nicht einmal wirklich um Vertrauen, es geht lediglich um enttäuschte Erwartungen; darum, dass man meint, als Voraussetzung für Vertrauen ein Anrecht auf erfüllte Erwartungen zu haben. Natürlich nährt es das Vertrauen, wenn Erwartungen erfüllt werden – so wurde das Vertrauen in der Säuglingszeit aufgebaut –, aber schon da, und vor allem auch im späteren Leben, können sie nicht immer erfüllt werden, denn in sozialen Bezügen gibt es verschiedene Erwartungen, die erfüllt werden wollen.

Projiziertes Misstrauen

Vertrauen kann natürlich missbraucht werden. Oft aber erwarten wir den Missbrauch von Vertrauen, wir projizieren ihn.

Ein Beispiel: Ein Paar hat sich Treue versprochen. Die Frau stellt fest, dass ihr Mann oft am Abend weg ist, auch am Wochenende. Zur Rede gestellt sagt er, er arbeite mit einer Gruppe an einem Projekt. Sie weiß um das Projekt, aber kennt und erfährt keine Einzelheiten. Sie wird zunehmend misstrauisch und wähnt, das Projekt sei nur ein Vorwand, um eine Geliebte zu sehen. Sie ruft ihn oft an, und entweder ist das Handy nicht an oder die Anrufe gehen ins Leere. Ihre misstrauischen Vorstellungen werden immer mehr und überzeugender. Zwar kann sie keine Spuren von Lippenstift an seinem Hemd entdecken, aber er kann ja auch eine Geliebte haben, die keinen Lippenstift verwendet. Sie konfrontiert ihn mit der Aussage, er solle doch endlich zugeben, dass er eine „Außenbeziehung" habe. Er beteuert, keine Außenbeziehung zu haben, sie glaubt ihm nicht. Er weiß nicht mehr, wie er seiner Frau mitteilen kann, was er wirklich macht, sie tut alles als Fantasie ab, sie glaubt ihm nicht – das Vertrauen ist erschüttert. In dieser Situation regt der Mann an, eine Therapie aufzusuchen.

Für die Frau ist es ganz klar, dass er eine erotische Außenbeziehung hat, und er soll gestehen – jetzt im Schutz der Therapie. Mir konnte der Mann glaubhaft versichern, dass das nicht der Fall war, und in der Paartherapie sprach er dann auch von dem Projekt, an dem er mitarbeitete, und auf das er und seine Kollegen sehr stolz waren. Er hatte keine erotische Außenbeziehung, aber in einem gewissen Sinne hatte er natürlich trotzdem eine Außenbeziehung: Für ihn war das Projekt mit dieser Gruppe wesentlich wichtiger als die Beziehung zu seiner Frau. Dass sie sich ausgeschlossen vorkam, hätte sie benennen und sich dafür einsetzen müssen, dass ihre Beziehung wieder etwas lebendiger wurde.

Sie musste dazu ermuntert werden, ungeschminkt zu erzählen, wie sie sich in dieser Situation fühlte. Es waren Gefühle des Verlassenseins, aber auch der Langeweile, der großen Selbstunsicherheit. Nachdem sie aufgehört hatte, ihm nachzuspionieren und ihn zu testen, stellte sich für sie die Frage, ob sie diese Beziehung weiterführen wollte. Damit waren die beiden bei der für sie im Moment existenziell wichtigen Frage. Für die Frau stellte sich auch die Frage nach ihrer Fähigkeit zu vertrauen; er hingegen ging davon aus, dass seine Frau ihm selbstverständlich vertrauen müsse, auch wenn er ihr wirklich zu wenig Information gab und die Beziehung vernachlässigte.

Das projizierte Misstrauen ist schwer aufzulösen, wenn es überhaupt aufzulösen ist. Wenn ein Partner oder eine Partnerin wirklich eine Außenbeziehung hat, wird das als Treuebruch, als Vertrauensbruch erlebt – und daran kann man arbeiten. Es ist einfacher, mit dem realen Treuebruch umzugehen, als wenn dieser Treuebruch in der Fantasie stattfindet. Wenn es in der Fantasie eine kohärente Untreuegeschichte gibt, dann gibt es keine Realitätsprüfung mehr. Findet hingegen ein realer Treuebruch statt, hat man es mit Fakten zu tun, die kränken, einen zur Verzweiflung treiben, ärgern – verbunden mit der Beziehung zu einem realen Menschen, der in dieser Situation reagiert, ein wirkliches Gegenüber bleibt, auch in der Auseinandersetzung.

Die projizierten Untreuewünsche

Manchmal haben wir selbst den Wunsch, aus einer Beziehung auszubrechen. Gestehen wir uns diesen Wunsch ein, dann werden wir einen Konflikt haben zwischen Gehen und Bleiben und an diesem Konflikt arbeiten. Können wir uns diesen Wunsch nicht eingestehen, weil er zu schattenhaft anmutet, dann kann man diese Wünsche nach Untreue auf den Partner oder auf die Partnerin projizieren.

Eigentlich möchte man selbst gerne eine andere Beziehung eingehen oder zumindest gerne wieder einmal etwas Prickelndes erleben, aber das gesteht man sich nicht ein. Dieses Begehren wird als schattenhaft erlebt, ist unmoralisch, ist peinlich, muss abgewehrt werden. Aber das Begehren ist da, und wenn wir es nicht haben dürfen, es nicht bei uns ist, befürchten wir es bei unserem Partner, unserer Partnerin. In einem solchen Begehren steckt nicht immer der Wunsch nach einer anderen Beziehung, es kann auch ein Wunsch nach einer veränderten Partnerschaft darin verborgen sein, einer wieder mehr prickelnden Beziehung. Verbunden mit einer solchen Fantasie kann auch der Wunsch nach mehr Distanz, nach mehr Freiheit sein – in der Beziehung als solcher, aber auch im eigenen Erleben: Man kann zu nah am Partner oder der Partnerin sein, zu sehr das eigene Leben aufgegeben haben. Vielleicht stimmt das Verhältnis von Bindung und Autonomie nicht mehr. Es ist also durchaus spannend und sogar beziehungsdienlich herauszufinden, was hinter solchen Untreuefantasien alles verborgen sein kann. Aber statt diese Untreuefantasien interessiert zu reflektieren, projizieren wir sie auf den Partner oder die Partnerin. Er oder sie stellt sich vor, wie das Leben in einer anderen romantischen Beziehung sein könnte.

Diese Untreuefantasien münden in ein Misstrauen. Statt dass man Vertrauen zu sich und seinen Gefühlen hat, diese wahrnimmt und befragt, verdächtigt man andere des fehlenden Vertrauens. Projektionen des Schattens, die zu einem profunden Misstrauen führen, sind schwer aus der Welt zu schaffen. Es stellt sich dabei immer die Frage, wie viel Introspektion wir haben, ob wir uns selber auch ein wenig kennen und auch einmal in Frage stellen können.

Ein Beispiel: Eine Frau, seit 18 Jahren mit dem gleichen Partner zusammen, kommt immer mehr zu der Überzeugung, dass ihr Partner nach Südafrika auswandern wird – und dort natürlich rasch eine neue Frau findet. Sie studiert Literatur über Südafrika, und auf die Frage ihres Partners nach diesem neuen Interesse sagt sie ihm, das habe einen Zusammenhang mit seinen Absichten. Er kann ihr glaubwürdig versichern, dass er kein Interesse an Südafrika hat, sich eine Ferienreise mit ihr dahin aber durchaus vorstellen könne. Da geht es der Frau auf, dass sie selber eigentlich gerne nach Südafrika gehen möchte, aber allein, ohne ihren Partner. Dafür hatte sie einen guten Grund: Ihr Partner war extrem fürsorglich, und sie wollte nun einmal etwas Aufregendes selbstständig durchziehen. Ihr wurde klar, dass sie ihren Partner nicht verlassen wollte, aber sie wollte sich beweisen, dass sie auch selbstständiger sein kann.

Vertrauensbrüche

Wie stellen wir Vertrauen wieder her?

Wir bringen einen Grundstock an Vertrauen – archetypisches Vertrauen und individuelles Vertrauen – in alle unsere Beziehungen ein, einmal mehr Vertrauen, einmal weniger, je nachdem, wie unsere Vertrauensbalance gerade aussieht. Wir wissen, dass Vertrauen enttäuscht werden kann, und haben unsere Wege, damit umzugehen. Und wir haben auch gelernt, Vertrauen jeweils wiederherzustellen.

Wir alle sind in unserer Kindheit in unserem Vertrauen immer wieder einmal enttäuscht worden. Wie wurde das Vertrauen wiederhergestellt? Wurde es wiederhergestellt, musste es wiederhergestellt werden, oder stellte es sich einfach von selbst wieder ein? Sofort oder nach einer gewissen Zeit? Und wie machen wir es heute?

Stellen Sie sich eine Arbeitsbeziehung vor und überlegen Sie zunächst, wie sich das Vertrauen zu einem Kollegen oder einer Kollegin im Laufe der Zeit entwickelt hat, wie es sich aber auch immer wieder etwas verändert, in gewissen Situationen auch einer leisen Skepsis oder gar einem Misstrauen weicht.

Normalerweise wächst Vertrauen über gemeinsames Tun. Verbundenheit schafft Vertrauen, mehr Vertrauen schafft eine belastbarere Verbundenheit. Es sind vor allem die gemeinsamen Interessen, gemeinsamen Ziele, gemeinsamen Erfahrungen auf dem Weg dorthin, die Werte, die man teilt, die Vertrauen schaffen. Wenn wir in gewissen Situationen vergleichbar mit anderen reagieren, uns Ähnliches offensichtlich wichtig ist, erleben wir die anderen als vertraute Menschen, denen wir auch mehr Vertrauen entgegenbringen. Schlägt in einer solchen Situation Vertrauen in Misstrauen um, kann in der Regel über aufkommende Skepsis oder Misstrauen gesprochen werden. Man wird dann allerdings eher die Angst ansprechen, etwa dass man aus irgendeinem Grund befürchtet, dass die Beziehung Schaden nimmt. Es ist gerade das Wesen einer vertrauten Beziehung, dass man sich traut, auch Dinge anzusprechen, die konflikthaft sind. Wenn man die Schwelle zwischen Vertrauen und Misstrauen aber nicht wahrnimmt oder sich nicht darüber austauschen kann, erodiert das Vertrauen, das Misstrauen breitet sich aus.

Vertrauensrisse kitten

Es gehört zu einer guten frühkindlichen Bindung, dass die manchmal schwer zu ertragenden Emotionen des Kindes von den Beziehungspersonen reguliert werden, mit freundlichen Blicken, mit Berührungen, mit Tönen, mit Sprache. Dazu gehört auch, dass die Emotionen benannt und so zu Gefühlen werden, über die man sprechen kann. Diese Entwicklung braucht natürlich Zeit und ist wohl nie ganz abgeschlossen. Die Grundlage dafür wird aber in der frühkindlichen emotionalen Abstimmung mit den Beziehungspersonen gelegt. Man hat gelernt, dass, wenn man aufgebracht oder durcheinander ist, andere Menschen uns helfen können, uns zu beruhigen, oder uns zu Klärungen anregen, dass man aber auch Gefühle hat und über sie sprechen kann, dass sie einem viel sagen über die eigene Befindlichkeit, aber auch darüber, welche Probleme sich in der jeweiligen Beziehung zeigen und wie sie uns affizieren. So ist im Ärger eine ganz andere Aufforderung enthalten als etwa in der Freude – und darüber kann man sprechen.

Im Alltag erleben wir weniger große Vertrauensbrüche als kleine Missverständnisse, die die Beziehung stören. Meistens findet man sie nicht der Rede wert, sie sind aber im Zusammenhang mit der Aufrechterhaltung und der Entwicklung von Vertrauen sehr wichtig. Wir wissen, dass in therapeutischen Prozessen solche kleinen „Vertrauensrisse" immer wieder vorkommen, dass man sich darauf konzentriert und sie zu beheben versucht. Gelingt das, dann wird die therapeutische Beziehung vertrauensvoller und belastbarer. Werden diese Risse mehrheitlich übersehen – man wird allerdings nie alle wahrnehmen können –, dann kann es unvermittelt zu Vertrauenskrisen kommen.

In unseren nahen Beziehungen kommt es oft zu diesen kleinen Rissen im Vertrauen. Diese „reparieren" wir oft ganz selbstverständlich, fast wie nebenbei. Das geschieht weniger durch Sprache als etwa durch einen freundlichen, vielleicht auch einen entschuldigenden

Blick, mit dem man sich gegenseitig versichert, dass man sich eigentlich gut ist, dass man sich mag, durch eine flüchtige Berührung, durch ein Lächeln, obwohl man sich jetzt gerade uneins war, wie eine Situation zu beurteilen ist und wie man sich verhalten will. Man bringt sich durch Gesten, durch den Blick, durch Berührung, durch Sprache wieder in eine emotionale Übereinstimmung, versichert sich so einander, dass man vertraut ist, einander vertraut.

Dieses gegenseitige emotionale sich wieder in Übereinstimmung Einpendeln geht mit Interaktionen einher, die das Vertrauen stärken. Darüber denken wir in der Regel gar nicht nach, es geschieht in einer tragfähigen Beziehung sehr oft und ist wohl das Merkmal einer guten Beziehung. Wenn wir es bewusst wahrnehmen, dann erleben wir es als angenehm, dass ein anderer Mensch helfen kann, unsere emotionalen Probleme zu regulieren, so dass wir uns wieder besser fühlen, dass er uns dabei unterstützt, kleinere Konflikte aus der Welt zu schaffen, ohne viel Aufhebens darum zu machen. Gerade diese Erfahrungen geben uns die Gewissheit, dass ein anderer Mensch ein vertrauter Mensch ist, dem man sich anvertrauen kann und darf, auch wenn er in anderen Belangen vielleicht gar nicht so zuverlässig ist.

Mit Vertrauenskonflikten umgehen

Wenn Menschen in der Lage sind, mit Emotionen und Gefühlen umzugehen, können auch größere Vertrauenskonflikte leichter gelöst werden.

Es gehört auch zu einer Entwicklung zu mehr Vertrauen, dass man den anderen Menschen dazu ermuntert, auch über unangenehme Gefühle zu sprechen und nicht gleich Abhilfe zu schaffen, etwa mit einer allzu versöhnlichen Lösung. Es geht darum, zunächst einmal wahrzunehmen, wie man sich in der Situation fühlt und welche Vorstellungen mit diesen Gefühlen verbunden sind. So ist es möglich, einander wirklich emotional wahrzunehmen und dadurch besser zu spüren, was jetzt in der Beziehung notwendig ist. Zu lernen, unsere Emotionen im Körper wahrzunehmen, sie zu benennen, die Vorstellungen wahrzunehmen, die mit ihnen verbunden sind – das ist eine lebenslange Arbeit. Dabei ist zu bedenken, dass es einen bunten Strauß an verschiedenen Emotionen gibt, nicht nur Angst, Freude und Ärger.

Was für die Beziehung notwendig ist – am Beispiel des Ärgers

Vertrauenskonflikte sind oft mit Ärger verbunden. Wird der Ärger nicht zugelassen, dann entsteht eine ärgerliche Atmosphäre. Ärger kann sich in einer ärgermotivierten Aggression zeigen. Diese kann sich aktiv in gegenseitigen Vorwürfen äußern oder als passive Aggression, indem man nicht mehr zuhört, behauptet, man verstehe nichts mehr, Wichtiges vergisst und anderes mehr.[73] Das macht das Zusammenleben schwierig und lässt Vertrauen schwinden.

Um diesem Vertrauensschwund zu begegnen, stellt

sich die Frage, was denn der Ärger in dieser Situation für die Beziehung bedeutet, wozu er herausfordert.

Wenn wir empathisch sind und aus dieser Empathie heraus vertrauensvoll, fürsorglich und hilfreich, kann es leicht geschehen, dass wir uns zu sehr verausgaben, dass wir zu sehr beim anderen sind und zu wenig bei uns selbst. Verlieren wir uns im anderen, sind wir gar von den belastenden Gefühlen des anderen Menschen angesteckt, können wir nicht mehr hilfreich sein. Wenn wir uns ärgern, dann möchten wir, dass ein Verhalten oder eine Situation beendet wird: Ärger wird dann in uns ausgelöst, wenn ein anderer Mensch – oder eine Situation – über unsere Grenzen geht; wir werden beleidigt, nicht wahrgenommen. Oder aber die anderen erlauben uns nicht, unsere Grenzen auszuweiten, wir dürfen unseren Interessen nicht nachgehen. In beiden Situationen sagt uns der Ärger, dass wir „Stopp" rufen möchten. Der Ärger reguliert unsere Beziehung zu anderen Menschen in dem Sinne, dass zwar ein „Wir", die Bindung, angestrebt wird, dass wir aber auch wir selbst bleiben. Nur so wird die Beziehung eine von zwei eigenständigen Menschen, die aufeinander eingehen, einander auch helfen können. Gerade in guten Beziehungen zeigt es sich, dass es möglich ist, auftretenden Ärger zu benennen und die damit verbundenen Probleme zu besprechen. Dabei geht es wie immer bei Ärger darum, den Ärger am richtigen Ort, zur richtigen Zeit, in der richtigen Intensität auszudrücken. Dass das schwierig ist, hat schon Aristoteles angemerkt. Gerade wenn in unserem Leben vertrauensvolle Beziehungen wichtig sind, muss das Thema der Abgrenzung und damit auch der Umgang mit dem Ärger in seiner Wichtigkeit erkannt und geübt werden. Mit Ärger gut umzugehen, ist auch eine Form der Selbstsorge, des guten Sorgens für sich selbst.

Aufschießender Ärger

Aufschießender Ärger ist also von großer Bedeutung für die Beziehung. Er ist nicht einfach ein Zeichen, dass Vertrauen auf dem Prüfstand steht – das kann er auch sein –, sondern er zeigt uns genau, wenn wir wirklich hinsehen, welche Probleme in der Beziehung aktuell gelöst werden müssen, damit eine vertrauensvolle Beziehung weiter wachsen kann. Wir haben es hier mit einer Schwelle zu tun, bei der Vertrauen in Misstrauen umschlagen kann, wenn wir uns mit dem Ärger nicht beschäftigen.

Um uns immer wieder ein gutes Lebensgefühl zu ermöglichen, gehört es dazu, dass wir unsere Gefühle wahrnehmen, sie einander mitteilen und verstehen, was sie uns in der jeweiligen Situation sagen wollen. Gerade die uns unangenehmen Gefühle, die wir so gerne verdrängen, sind dabei von besonderer Wichtigkeit.

Verzeihen und Versöhnen

Die meisten Menschen wollen bei einem Vertrauensverlust an den ihm zugrunde liegenden Konflikten arbeiten und das verloren gegangene Vertrauen wiederherstellen.

In einer Vertrauensbeziehung sind wir verraten worden: Wir wurden betrogen, unsere Absprachen wurden nicht eingehalten, Geheimnisse sind offengelegt worden. Wir haben einen Verlust an Vertrautheit, an Geborgenheit erlebt – Versprechungen gelten nicht mehr, unsere Erwartungen gehen ins Leere. Wir fühlen uns verletzt, vor allem aber verlassen und ausgestoßen. In Vertrauensbeziehungen fühlen wir uns geborgen. Wird das Vertrauen radikal in Frage gestellt, und das wird es, wenn wir uns total verraten fühlen, dann fühlen wir uns verlassen, ausgestoßen, vielleicht durch Worte, vielleicht durch das Handeln. Es gibt keine Geborgenheit mehr, man wird misstrauisch, und man hat einen Konflikt. Diesen Konflikt möchte man auf irgendeine Weise aus der Welt schaffen. Natürlich wird man über die Verletzung miteinander sprechen, wenn die Beziehung wichtig für einen ist. Man wird zum Beispiel miteinander versuchen herauszufinden, warum der Partner eine Außenbeziehung eingegangen ist, die mit so viel Lügen verbunden war, so dass es schwierig ist, wieder zu vertrauen. Das kann über verzeihen und sich versöhnen letztlich gelingen – aber bis dahin ist es ein langer Weg. Dieser Weg ist aber wichtig, weil das Misstrauen sich sonst leicht generalisiert, die Beziehungen vergiftet und sie letztlich zerstört.

Der lange Weg zum Verzeihen

Sind wir tief gekränkt, verletzt, dann wollen wir dem anderen Menschen auch etwas antun, wir wollen uns rächen. Wir haben viele Rachefantasien, die wir zwar meistens nicht in die Tat umsetzen, aber wir stellen uns vor, den anderen dort zu treffen, wo es ihm richtig wehtut – etwa seine Verfehlung öffentlich machen … Wir setzen diese Rachefantasien in der Regel nicht um, weil wir den Menschen, der uns so sehr verletzen konnte, trotzdem auch noch lieben – und jede Rache kann auch auf uns selbst zurückfallen. Die Rachefantasien geben uns ein Gefühl der Selbstwirksamkeit: Ich bin nicht nur hilflos verletzt, nicht einfach ein Opfer, ich kann auch etwas tun. Das stabilisiert das verletzte Selbstwertgefühl, aus diesem neuen Gleichgewicht heraus kann man das Problem besser angehen.

Wenn es beiden Menschen wichtig ist, das Vertrauen wiederherzustellen, werden die Konflikte und die damit verbundenen Gefühle benannt werden, so gut man es halt kann. Wichtig ist, dass man nicht einfach über die Verletzung hinweggeht, dass man sie aber auch nicht ewig behalten will. Verzeihen wir zu schnell, dann wird nicht deutlich, was geschehen ist, und manchmal ist dies etwas Unerhörtes, das gehört und in die Verantwortung genommen werden muss. Die Emotionen und Gefühle müssen sorgsam wahrgenommen und ausgetauscht werden. Wir können uns auch nicht von einem anderen Menschen unsere Gefühle beschreiben lassen oder sie uns verschreiben lassen, etwa, wenn der Partner sagt, so schlimm sei das doch alles nicht, so verzweifelt brauche man doch gar nicht zu sein.

Es geht um die gegenseitige Anerkennung der jeweiligen Gefühlslage und das Aushalten dieser Gefühle. Wenn man die Gefühle des jeweils anderen aushält, entsteht dadurch eine neue Nähe und damit auch wieder etwas Vertrauen. Die Gefühle müssen so lange benannt werden, bis beide verstanden haben, worum es gegangen ist.

Da kann natürlich schattenhaftes Verhalten mit im Spiel sein, vor allem von dem, der seine eigenen Bedürfnisse so deutlich über die Bedürfnisse des anderen gestellt hat, Vertrauen missbraucht hat. Bei dieser Auseinandersetzung – und um eine solche geht es – spielt unsere generelle Schattenakzeptanz eine große Rolle. Können wir verstehen, dass unsere Partnerin, unser Partner Schattenanteile ausgelebt hat, ohne dass sie oder er daran gedacht hat, wie das die angestammte Beziehung beeinflusst? Können wir verstehen, dass er oder sie so gedankenlos waren, die gemeinsame Beziehung aus dem Blick verloren zu haben? Wenn wir etwas von unseren eigenen schattenhaften Seiten verstehen, haben wir mehr Verständnis: Wir müssen keineswegs gut finden, was geschehen ist, aber wir wissen um die eigene mögliche Fehlbarkeit und auch um die mögliche Fehlbarkeit von anderen Menschen. Manchmal ist es auch gut zu wissen – und das ist auch eine Schatteneinsicht –, dass es Situationen gibt, in denen wir in gleicher Weise gefährdet sein könnten. Manche Menschen sind allerdings so elendiglich selbstgerecht, dass sie überzeugt davon sind, dass ihnen nie so etwas „Böses" geschehen könnte. So sicher kann man sich da aber nicht sein: Der menschliche Schatten ist eine Realität.

Der klare Blick ist gefragt: Will man weiter miteinander leben, dann ist es nicht ausgeschlossen, dass dieses schattenhafte Verhalten in der Beziehung weiter eine Bedeutung hat und dass man das gemeinsame Problem in die Verantwortung nehmen muss. So sagt etwa einer: „Weißt du, du wurdest mir mit deinen vielen Klagen einfach zu viel, ich konnte das nicht mehr aushalten, musste auch für mich selbst sorgen, und dann habe ich mich mit anderen Menschen getroffen, habe mich anderen Menschen auch nahe gefühlt, und eine sexuelle Beziehung ergab sich dann wie von selbst." Aus der Beziehung auszubrechen, weil man es nicht mehr aushält: Man hätte miteinander darüber sprechen müssen, um dieses Grundproblem, an dem beide leiden, zu lösen. Vielleicht hätte man dabei Hilfe von außen gebraucht.

Vor dem sichtbaren Vertrauensbruch gibt es oft einen unsichtbaren Vertrauensbruch oder Vertrauensrisse: Man traut sich nicht zu, miteinander ein wichtiges Problem anzugehen und in die Verantwortung zu nehmen, und das ist ja bereits mangelndes Vertrauen, zu sich selbst, aber auch zum anderen.

Ein Problem, das verhindert, sich konstruktiv mit einer Thematik auseinanderzusetzen, ist die rasche Aufspaltung in Täter oder Täterin und Opfer. Beide identifizieren sich dann mit der jeweiligen Rolle,[74] und die Auseinandersetzung ist blockiert. Deshalb ist es so wichtig, dass man sich darüber austauscht, was sich emotional zwischen den beiden ereignet hat, und zwar schon vor der Situation, die als Vertrauensbruch verstanden wird. Wie haben die beiden aufeinander so eingewirkt, dass es zu einer schleichenden Erosion des Vertrauens gekommen ist? Daran haben beide einen Anteil, und das meiste ist auch ohne Absicht geschehen, ist deshalb auch keine Frage von Schuld und Unschuld, sondern es geht um Verhaltensweisen, die einander ungünstig verstärken und die man verändern kann. Wenn eingesehen wird, dass ein bestimmtes Verhalten wirklich beziehungsschädlich war, kann eine Entschuldigung den Weg zur Lösung des Problems wesentlich erleichtern.

Das emotionale Sprechen miteinander verhindert, dass man an der „Untat“, die ja nicht verändert werden kann, haften bleibt. Viele dysfunktionalen Verhaltensweisen in Paarbeziehungen haben ihren Ursprung in der Angst, verlassen zu werden. Diese wird weniger wahrgenommen und deshalb auch weniger angesprochen als der Ärger, der natürlich vordergründiger ist und dazu führt, dass wir dem anderen Vorwürfe machen, statt unsere Sorge zu thematisieren.

Wenn wir unsere Gefühle so weit wie möglich offenlegen, können wir präziser verstehen, was uns in der Situation existenziell wichtig und daher zu ändern ist. Das wäre auch der Sinn des Streitens: Es geht darum zu fragen, welches Verhalten von beiden – von jedem meist auf andere Art und Weise – in die Verantwortung genommen werden muss.

Trauer

Ist einem das Ausmaß des Vertrauensbruchs und seine Folgen für die Beziehung bewusst geworden – gerade auch durch das gemeinsame Gespräch –, dann erfüllt einen das mit Trauer. Man hat etwas Kostbares verloren, die Arglosigkeit in der Beziehung ist vorbei, es ist etwas zerstört worden. Durch das gemeinsame Gespräch ist aber auch etwas Neues gewonnen, die Zuversicht, Vertrauen wiederherstellen zu können, auch wenn es dafür Zeit braucht.

Lässt man die Trauer zu, dann nimmt man die Verletzung ernst, die stattgefunden hat. Man kann sie nicht verleugnen, wird sich aber auch gute Erfahrungen in der Vergangenheit in die Erinnerung rufen, die durch den Vertrauensbruch nicht zunichtegemacht worden sind. Zu trauern hilft, nicht an der Verletzung festzuhalten, sondern sie auch wieder loszulassen; die prosozialen Gefühle werden dadurch wieder mehr erlebbar, Gefühle von Liebe und Zärtlichkeit werden wieder mehr zugänglich. In der Regel mag man ja den anderen Menschen, und wenn nicht, wird man eine emotionale Auseinandersetzung gar nicht mehr führen, denn es ist eine große Beziehungsarbeit. Je besser es einem gelingt, immer wieder Vertrauensrisse zu flicken, desto besser wird man auch mit einem Vertrauensbruch umgehen können.

Versöhnen – der Sprung ins Vertrauen

Bei meinen Überlegungen zur Versöhnung geht es mir keineswegs um die moralische Forderung, dass man sich versöhnen sollte, sondern um das psychologische Bedürfnis, dass man sich wieder versöhnen möchte, dass man versucht, das, was bis jetzt gut war und nun zerstört ist, wieder gut werden zu lassen, dass man Vertrauen wiederherstellen kann, dem Misstrauen nicht zu viel Raum zugestehen muss.

Verzeihen heißt, die Rachegefühle aufzugeben, die man zunächst nach einer Verletzung spürt, auch die Gefühle der Genugtuung, dass man jetzt moralisch überlegen ist, der Häme. Das heißt aber auch, das, was man für schuldhaftes Verhalten des anderen hält, nicht mehr übel zu nehmen. Verzeihen heißt, die schlechten Gefühle, die mit der Verletzung verbunden sind, aufzugeben und nicht zu vergessen, dass man diese Gefühle wirklich vergessen wollte.

Manchmal mag man noch nicht verzeihen, aber man kann etwas auch „gut sein lassen": Man akzeptiert, was geschehen ist, kann es nicht verändern – vielleicht auch in Zukunft nicht –, aber man ermächtigt sich selber dazu, sich nicht mehr weiter darüber zu ärgern. Es ist, wie es ist. Wenn man „es" gut sein lassen kann, ist die Zukunft offen; vielleicht wird man die Situation eines Tages klären und dann wirklich verzeihen, vielleicht wird man die Beziehung auf eine distanziertere Weise leben, weil es einem aufgegangen ist, dass eine wirkliche Klärung nicht möglich ist. Aber man ermächtigt sich selbst, über der Sache zu stehen, nicht mehr zu hassen, nicht mehr innerlich aufgewühlt zu sein.

Sich zu versöhnen ist ein großes Geschenk an die beiden Kontrahenten: Sich zu versöhnen setzt das Verzeihen voraus, man ist aber gewillt, eine vertrauensvolle Beziehung wiederherzustellen, und zwar im Wissen darum, dass die Verfehlung erneut vorkommen kann. Sich zu versöhnen ist wie eine Brücke über einen Abgrund, der bestehen bleibt. Manche Menschen bieten Versöhnung an unter der Bedingung, dass die Verfehlung nie mehr vorkommen wird. Dieses Versprechen kann aber niemand wirklich geben, niemand kann versprechen, dass ein Fehlverhalten nie mehr vorkommt. Man kann sich Mühe geben, mehr nicht. Es ist ein Sprung ins Vertrauen.

Man kann auch zu schnell verzeihen und sich versöhnen. Vorübergehend unversöhnlich zu sein, hilft zu klären, was wirklich in Ordnung gebracht werden muss und wie man es in die Verantwortung nehmen möchte. Zu schnelles Verzeihen kann ein Pseudo-Verzeihen sein: Man nimmt das Zerwürfnis oder den Vertrauensbruch nicht wirklich ernst, sondern entschließt sich, das Ganze schnell – zu schnell – zu vergessen. Nicht selten werden dabei aber die Kränkungen eben nicht vergessen, sondern heimlich aufgelistet und bei Bedarf als Mängelliste präsentiert: Schon immer hast du … Da hat man vergessen, dass man vergessen wollte, und zwar weil man das Problem nicht wirklich durchgearbeitet hat. Es gibt verschiedene Möglichkeiten, sich diesem Prozess der Auseinandersetzung und des sich wieder gemeinsam Zusammensetzens zu entziehen, etwa, indem man sich selbst als Opfer versteht oder sich umgekehrt als ganz und gar schuldig bezeichnet, etwa: Das ist doch klar, mit einer depressiven Frau wie mich kann man nicht leben, natürlich brauchst du eine Außenbeziehung, aber … Und manche Menschen können nicht um Verzeihung bitten, andere können Verzeihung nicht annehmen.[75]

Wenn wir uns versöhnen, dann erbringen wir einen großen – durchaus risikobehafteten – Vertrauensvorschuss. Beide Seiten gewinnen dabei etwas: Es ist großzügig, es ist großherzig, es ist liebevoll, es ist eine Gabe an den Missetäter oder an die Missetäterin. Es ist aber auch eine Gabe an den Menschen, der versöhnungswillig ist: Etwas Kostbares, was in Gefahr war, verloren zu gehen oder zerstört zu werden, wird wieder zugänglich und wiedergutgemacht. Man kann sich wieder in Respekt und in Liebe miteinander verbinden. Alle Beteiligten erbringen eine Leistung, eine Vertrauensleistung. Vielleicht werden sie zunächst noch etwas vorsichtig aufeinander zugehen, aber sie gehen wieder aufeinander zu, und das ist möglich, weil es ein archetypisches Grundvertrauen gibt. Das Leben erlaubt es uns, dass Situationen auch wieder gut werden können.

Eine Versöhnung braucht ein Ritual: eine Umarmung, eine schöne gemeinsame Unternehmung, vielleicht auch eine symbolische Unternehmung, zum Beispiel miteinander eine anstrengende Bergtour oder eine lange Radtour machen – dann wird die Anstrengung der Auseinandersetzung und der Versöhnung körperlich erlebbar.

Trotz allem: Vertrauen

Warum Vertrauen? Urvertrauen ist mit der grundlegenden, bildlosen Hoffnung verbunden, mit der Hoffnung, die das Lebendigsein begleitet. Wir lernen Vertrauen an den vertrauensvollen Beziehungen. Manchmal wird es mehr, manchmal weniger: Vertrauen wird enttäuscht, wird wieder gewagt – trotz allem. Wir arbeiten daran, dass unsere Beziehungen auch nach einem Vertrauensbruch wieder vertrauensvoll werden können. Aber es bleibt auch ein Wagnis.

Wenn uns eine persönliche Beziehung wichtig ist, geben wir die Hoffnung auf Vertrauen nicht auf. Und das ist wohl auch im gesellschaftlichen Zusammenhang der Fall: Wir werden uns darauf beziehen (müssen?), dass man die Probleme besser miteinander bewältigen kann, dass man besser miteinander die Möglichkeitsräume ausschöpfen kann, die wir brauchen. Es geht darum, miteinander herauszufinden, welche Lösungen es gibt: Mit durchaus nüchternem Blick, Faktenkenntnis, Imagination, Intelligenz, Intuition, Kreativität kann man miteinander etwas verändern. Und das ist eine Kreativität, die aus dem Vertrauen stammt, aber auch aus der Gruppenkohäsion, dem Zusammenhalt der Gemeinschaft.

Nicht nur um das individuelle Vertrauen müssen wir uns kümmern, sondern auch um das Vertrauen in der Zivilgesellschaft. Wir müssen uns darüber bewusst werden, wie kostbar Vertrauen ist, wie wir es erodieren lassen, wie es verschwindet – und wie wir Vertrauen wieder mehr aufbauen können. Den menschlichen Zusammenhalt fördern wir allemal dann, wenn wir Vertrauen wagen, auch wenn es immer einmal wieder enttäuscht wird.

Noch einmal: Warum auf Vertrauen fokussieren?

Ich finde es unabdingbar wichtig, dass wir wieder vermehrt auf Vertrauen fokussieren: nicht nur Vertrauen einfordern, sondern auch Vertrauen geben, uns zum Vertrauen entschließen, auch wenn es riskant ist – wobei nicht zu vertrauen mir in der heutigen Situation noch riskanter zu sein scheint –, einander Vertrauen entgegenzubringen in den sozialen, aber auch in den gesellschaftlichen Beziehungen. Wir könnten unsere Aufmerksamkeit mehr richten auf Themen des Vertrauens, damit auch auf das Miteinander, also nicht nur darauf, wie man als Einzelner, als Einzelne psychologisch und wirtschaftlich aus einer Situation am meisten Profit schlägt, sondern wie man miteinander Lösungen finden kann, mit denen es sich besser leben lässt.

Es muss sichtbar werden, wie wichtig gegenseitiges Vertrauen für die Lösung unserer dringendsten Probleme ist, und wir müssen uns auch klar darüber werden, wie Vertrauen wiederhergestellt werden kann. Vertrauen muss wirklich als „soziales Kapital“ verstanden werden, vergleichbar einer „Währung“, die es uns ermöglicht, miteinander besser zu leben, miteinander wieder Gemeinschaften zu bilden und miteinander darauf zu vertrauen, dass wir kreativ neue Lösungen finden können.

Vertrauen wird leicht verspielt, muss wiederhergestellt werden. Das ist in den engeren zwischenmenschlichen Beziehungen für uns selbstverständlich – und gelingt uns das nicht, werden wir sehr einsam sein. Vertrauen muss aber auch in der Öffentlichkeit wiederhergestellt werden: Fake News sind kein Anzeichen von Kreativität, sondern von mangelnder Zuverlässigkeit. Vertrauen muss auch in der Ökonomie wiederhergestellt werden.

Das geschieht zurzeit auch auf der Ebene von Unternehmen, die betonen, sich für die Bewältigung der Klimakrise einsetzen zu wollen. Vertrauen wiederherzustellen – das ist das Ziel. Allerdings stellt sich dann die Frage, ob es wirklich um miteinander geteilte Werte geht, darum, dass man neu versucht, nicht nur Gewinn zu erarbeiten, sondern auch ethisch und nachhaltig zu wirtschaften. Oder geht es dann doch wieder nur darum, dass gerade diese Strategie am meisten Gewinn verspricht? Aber könnte es so sein, wie Uhle mutmaßt: dass immer mehr Menschen sinnvolle Arbeit tun wollen, nicht nur Arbeit, die Lohn verspricht?[76] Die „purpose economy", die Sinnökonomie, will einen Mehrwert, der nicht ökonomischer Natur ist. Und hier stellt sich in einem großen Rahmen die Frage nach dem Vertrauen. Die Unternehmen haben sich zu fragen, warum sie was erreichen wollen, und ob das, was sie erreichen wollen, auch sinnstiftendes Handeln ist, etwas Gutes für unsere Existenzgrundlagen bewirkt – und letztlich wohl auch, ob es die Gesamtbilanz für „Mutter Erde" verbessert. Geht es unter einem ethischen Deckmäntelchen doch nur wieder um die Maximierung des Profits, oder geht es um die ökologischen Grundlagen unseres Lebens? Ist die Sinnökonomie wirklich die Zukunft? Es hört sich gut an. Langfristig würde dies weniger Wachstum bedeuten – und das wäre wohl gut so. Der Fokus auf Wachstum hat ja nicht Wohlstand für alle gebracht.

Und noch einmal Vertrauen: Raitner plädiert dafür, dass für die Zeiten der Digitalisierung eine neue menschliche Führungsqualität gefragt ist. Das heißt für ihn, dass es eine „sinngeleitete visionäre Führung" braucht in einer „reifen Vertrauenskultur", die darin besteht, dass jeder „sein Bestes" gibt, damit die Vision realisiert wird.[77]

Sich kümmern

Wir müssen uns um soziale Beziehungen kümmern, um die Erde, um vieles mehr.

Vertrauen entsteht am Anfang des Lebens, weil Menschen in vielfältiger Weise sich kümmern, sich des noch hilfsbedürftigen Säuglings annehmen. Panksepp und Biven beschreiben das CARE-System als eine Gabe der Mutter Natur, es ermöglicht Resilienz, Glück, Zufriedenheit lebenslang.[78] Es ist eine unserer Grundbegabungen für Fürsorglichkeit, für das Sich-Kümmern um Situationen, die der Hilfe bedürfen. Dieses System gehört zur biologischen Grundausstattung des Menschen, ist in jedem von uns mehr oder weniger aktiviert. Haben wir eingesehen, wie wichtig es ist, dass wir uns um unseren Planeten kümmern, dann müssten diese Systeme in uns Menschen, die im privaten Bereich ja durchaus anspringen, auch für das Sich-Kümmern um die Erde funktionieren. Damit dieses System anspringt, muss wohl die Beziehung zur Erde und zur Natur mehr gepflegt bzw. wiederhergestellt werden. Es ist nicht nur notwendig, wieder mehr in Beziehung zu anderen Menschen zu treten – das ist das zentrale Thema des Vertrauens –, sondern auch, wieder mehr in Beziehung zur Natur zu treten.

Solche Gedanken werden in den letzten Jahren vermehrt publiziert, etwa in dem Buch „Nichts tun. Die Kunst, sich der Aufmerksamkeitsökonomie zu entziehen“[79] von Jenny Odell. Wer buhlt nicht alles um unsere Aufmerksamkeit? Unsere Freiheit zeigt sich darin, dass wir uns entscheiden können, wem wir unsere nicht grenzenlose Aufmerksamkeit schenken. Der Vorschlag von Odell: Sich kümmern um Menschen, die mit uns wohnen, mit ihnen „eine gemeinsame Realität bewohnen“[80], aber genauso wichtig, Aufmerksamkeit für den Ort zu entwickeln, an dem wir uns jeweils befinden.[81] Odell entzieht sich der Aufmerksamkeitsökonomie in vielfältiger Weise: So hört sie etwa den Vögeln zu und entwickelt eine beachtliche Beziehung zu den einzelnen Tieren. Grundsätzlich wichtig ist es ihr, das „Dazwischen“ zu erfahren, die Schnittstelle „zwischen mir selbst, und all dem, was mir begegnet“[82]. Das bedeutet aber, dass „die Grenze zwischen Selbst und Anderem“[83] wegfällt, und damit könnten viele unserer Probleme gelöst werden.

Wenn wir die Haltung des Vertrauens in den Mittelpunkt unserer Werte stellen, dann geht es um Beziehung im engsten und im weitesten Sinne: Die Beziehung zu uns selbst, zu unseren vertrauten Menschen, zur Gesellschaft, aber auch zur Natur. Und wenn wir diese Beziehungen immer wieder neu erleben, werden wir uns auch darum kümmern, im Vertrauen darauf, das das Sich-Kümmern zu guten, lebbaren Situationen führt – hoffentlich auch in der Ökologie.

Anhang

Anmerkungen

1 Vgl. Hartmann, Martin: Vertrauen. Die unsichtbare Macht. S. Fischer, Frankfurt am Main 2020. Hartmann diskutiert dieses Thema ausführlich auf den Seiten 200ff.

2 Vgl. Jung, C. G.: Die Probleme der modernen Psychotherapie (1929). In: GW 16: Praxis der Psychotherapie. Beiträge zum Problem der Psychotherapie und zur Psychologie der Übertragung. Hg. von Marianne Niehus-Jung / Lena Hurwitz-Eisner / Franz Riklin / Leonie Zander. Sonderausgabe. 3. Aufl. Edition C. G. Jung im Patmos Verlag, Ostfildern 2011, § 125; ders.: Definitionen (1921). In: GW 6: Psychologische Typen. Hg. von Marianne Niehus-Jung / Lena Hurwitz-Eisner / Franz Riklin / Leonie Zander. Sonderausgabe. 5. Aufl. Edition C. G. Jung im Patmos Verlag, Ostfildern 2021, § 79 oder § 792.

3 Vgl. Fox, Kieran / Koroma, Matthieu: Wandering along the spectrum of spontaneous thinking: Dreaming, meditation, mind-wandering, and well-being. An interview with Kieran Fox. In: ALIUS Bulletin 2 (2018), S. 2.

4 Vgl. Sterpenich, Virginie / Perogamvros, Lampros et al.: Fear in dreams and in wakefulness: Evidence for day/night affective homeostasis. In: Hum Brain Mapp 41.3 (2020), S. 847.

5 Vgl. Bauman, Zygmunt: Retrotopia. Suhrkamp, Berlin 2017, S. 10.

6 Kast, Verena: Nostalgie und Aufbruch. Von der Lust, die Welt zu gestalten. Herder, Freiburg im Breisgau 2019.

7 Vgl. Marquard, Odo: Ende des Schicksals? Einige Bemerkungen über die Unvermeidlichkeit des Unverfügbaren. In: ders.: Abschied vom Prinzipiellen. Philosophische Studien. Reclam, Stuttgart 1981, S. 67–90.

8 Erikson, Erik H.: Der vollständige Lebenszyklus. Suhrkamp Taschenbuch Wissenschaft, Frankfurt am Main 1988, S. 104ff.

9 Die Bremer Stadtmusikanten. In: Kinder- und Hausmärchen. Gesammelt durch die Brüder Grimm. Winkler, München 1949, S. 180.

10 Marcel, Gabriel: Werkauswahl. Band 1: Hoffnung in einer zerbrochenen Welt? Vorlesungen und Aufsätze. Eingel. u. hg. von Peter Grotzer. Schöningh, Paderborn 1992.

11 Bloch, Ernst: Das Prinzip Hoffnung. Band 1. Suhrkamp, Frankfurt am Main 1959, S. 1ff.

12 Vgl. Kast, Verena: Freude, Inspiration, Hoffnung. 6. Aufl. Patmos, Ostfildern 2013, S. 157ff.

13 Die Bremer Stadtmusikanten, S. 180.

14 Allerleirauh. In: Kinder- und Hausmärchen. Gesammelt durch die Brüder Grimm. Winkler, München 1949, S. 371–376.

15 Vgl. Kast, Verena: Liebe im Märchen. Walter, Olten 1992, S. 99–120.

16 Vgl. Zarewna Unke. In: Afanasjew, Alexander Nikolajewitsch: Russische Volksmärchen. In Neuer Übertragung von Swetlana Geier. Winkler, München 1985, S. 626.

17 Vgl. Der Goldene Vogel. In: Kinder- und Hausmärchen. Gesammelt durch die Brüder Grimm. Winkler, München 1949, S. 321–328; Kast, Verena: Die Blume des Glücks und andere Märchen von Autonomie und Selbstbestimmung. 2. Aufl. Patmos, Ostfildern 2013, S. 119–146.

18 Der Teufel mit den drei goldenen Haaren. In: Kinder- und Hausmärchen. Gesammelt durch die Brüder Grimm. Winkler, München 1949, S. 191–197; vgl. Kast, Verena: Vom Vertrauen in das eigene Schicksal. Der Teufel mit den drei goldenen Haaren. Kreuz, Stuttgart 2008.

19 Jorinde und Joringel. In: Kinder- und Hausmärchen. Gesammelt durch die Brüder Grimm. Winkler, München 1949, S. 382–384.

20 Vgl. Winnicott, Donald W.: Reifungsprozesse und fördernde Umwelt. 3. Auflage der unveränderten Neuauflage 2001 der deutschen Erstausgabe 1974. Psychosozial-Verlag, Gießen 2020, S. 234ff.

21 Vgl. Stern, Daniel N.: Die Lebenserfahrung des Säuglings. Klett-Cotta, Stuttgart 1992, S. 143ff.

22 Panksepp, Jaak: Affective Neuroscience. The Foundations of Human and Animal Emotions. Oxford University Press, Oxford 1998.

23 Vgl. Ders. / Biven, Lucy: The Archaeology of Mind. Neuroevolutionary Origins of Human Emotions. Norton, New York 2012, S. 9.

24 Vgl. ebd., S. 283ff.

25 Vgl. ebd., S. 437.

26 Vgl. ebd.

27 Vgl. ebd., S. 309.

28 Zu Bindungsmustern siehe z. B. Ziegenhain, Ute: Kapitel 5: Sichere mentale Bindungsmodelle. In: Gloger-Tippelt, Gabriele (Hg.): Bindung im Erwachsenenalter. Ein Handbuch für Forschung und Praxis. 2., überarbeitete und ergänzte Auflage. Huber, Bern 2012, S. 151–172.

29 Vgl. Winnicott, Donald W.: Vom Spiel zur Kreativität. 2. Aufl. Klett-Cotta, Stuttgart 1979, S. 125–127.

30 Vgl. Fonagy, Peter: Bindungstheorie und Psychoanalyse. Klett-Cotta, Stuttgart 2003, S. 160–162.

31 Vgl. Kast, Verena: Immer wieder mit sich selber eins werden. Identität und Selbstwert entwickeln in einer komplexen Welt. Patmos, Ostfildern 2018.

32 Vgl. Kunst, Laura E. / Maas, Joyce et al.: Autonomy deficits as vulnerability for anxiety: Evidence from two laboratory based studies. In: Anxiety, Stress & Coping 32.3 (2019), S. 244–258.

33 Seneca, L. Annaeus: Philosophische Schriften. Bd. 3: Ad Lucilium epistulae morales I–LXIX: An Lucilius, Briefe über Ethik 1–69. Hg. von Manfred Rosenbach. Wissenschaftliche Buchgesellschaft, Darmstadt 1999.

34 Ebd., S. 13.

35 Vgl. ebd., S. 15.

36 Vgl. Jung, C. G.: Über die Psychologie des Unbewußten (1943). In: GW 7: Zwei Schriften über Analytische Psychologie. Hg. von Marianne Niehus-Jung / Lena Hurwitz-Eisner / Frank Riklin / Leonie Zander. Sonderausgabe. 6. Aufl. Edition C. G. Jung im Patmos Verlag, Ostfildern 2021, Kapitel 3: Der andere Gesichtspunkt: Der Wille zur Macht, §§ 35–55; ders.: Der Kampf mit dem Schatten (1946). In: GW 10: Zivilisation im Übergang. Hg. von Lilly Jung-Merker / Elisabeth Rüf. Sonderausgabe. 6. Aufl. Edition C. G. Jung im Patmos Verlag, Ostfildern 2021, §§ 444–457; Kast, Verena: Der Schatten in uns. Die subversive Lebenskraft. 4. Auflage der Neuausgabe. Patmos, Ostfildern 2021.

37 Vgl. Schütz, Astrid: Psychologie des Selbstwertgefühls. Von Selbstakzeptanz bis Arroganz. Kohlhammer, Stuttgart 2000, S. 159.
38 Vgl. Kast, Verena: Wi(e)der Angst und Hass. Das Fremde als Herausforderung zur Entwicklung. Patmos, Ostfildern 2017.
39 Vgl. Kast: Der Schatten in uns, S. 50ff.
40 Hartmann, Martin: Vertrauen. Die unsichtbare Macht. S. Fischer, Frankfurt am Main 2020, S. 30ff.
41 Luhmann, Niklas: Vertrauen. Ein Mechanismus der Reduktion sozialer Komplexität (1968). 5. Aufl. UVK, Konstanz 2014; vgl. Hartmann: Vertrauen.
42 Vgl. Luhmann, Niklas: Familiarity, confidence, trust: Problems and alternatives. In: Diego Gambetta (Hg.): Trust: Making and Breaking Cooperative Relations. Blackwell, Oxford 2000, S. 94–107.
43 Vgl. ders.: Vertrauen.
44 Vgl. ebd., S. 27.
45 Vgl. ebd., S. 90f.
46 Ebd., S. 98.
47 Vgl. ebd.
48 Vgl. ebd., S. 100f.
49 Ebd., S. 101.
50 Vgl. ebd., S. 90.
51 Ders.: Familiarity.
52 Vgl. ebd., S. 105.
53 Vgl. ebd.
54 Fukuyama, Francis: Trust: The Social Virtues and the Creation of Prosperity. Human Nature and the Reconstitution of Social Order. Free Press, New York 1995; ders.: Identität. Wie der Verlust der Würde unsere Demokratie gefährdet. Hoffmann und Campe, Hamburg 2019.
55 Bowlby, John: Attachment and Loss. Bd. 1: Attachment. The Hogarth Press, London 1969.
56 Fukuyama: Identität.
57 Ebd., S. 9.
58 Ebd., S. 10.
59 Ebd., S. 20.
60 Ebd., S. 21.
61 Vgl. ebd., S. 33.

62 Vgl. Honneth, Axel: Kampf um Anerkennung. Zur moralischen Grammatik sozialer Konflikte. Suhrkamp Taschenbuch, Frankfurt am Main 1994.

63 Vgl. Fukuyama: Identität, S. 34.

64 Vgl. ebd., S. 99.

65 Luther, Martin: Von der Freiheit eines Christenmenschen, Abschnitt „Zum 2.“. Im Internet als PDF verfügbar bei: freiheit2017.net. https://www.freiheit2017.net/fileadmin/mediapool/gemeinden/E_freiheit2017/Freiheit_PDF.pdf, S. 1f. [Zugriff: 29.9.2021].

66 Vgl. Fukuyama, Francis: Social capital, civil society and development. In: Third World Quarterly 22.1 (2001), S. 7–20.

67 Bregmann, Rutger: Im Grunde gut. Eine neue Geschichte der Menschheit. Rowohlt, Reinbek bei Hamburg 2021, S. 308.

68 Vgl. Centorrino, Samuele: Honest signaling in trust interactions: Smiles rated as genuine induce trust and signal higher earning opportunities. In: Evolution and Behavior 36.1 (2015), S. 8–16.

69 Vgl. Fiske, Alan Page / Seibt, Beate / Schubert, Thomas: The sudden devotion emotion: Kama Muta and the cultural practices to evoke it. In: Emotion Review 11.1 (2019), S. 74–86; Fiske, Alan Page: Kama Muta: Discovering the Connecting Emotion. Routledge, London 2019, Menninghaus, Winfried / Wagner, Valentin / Hanich, Julian et al.: Towards a psychological construct of being moved. In: PLoS ONE 10.6 (2015), e0128451. doi.org/10.1371/journal.pone.0128451; Zickfeld, Janis H. / Schubert, Thomas W. / Seibt, Beate / Blomster Lyshol, Johanna Katarina: Kama muta: Conceptualizing and measuring the experience of being moved across 19 nations and 15 languages. In: Emotion 19.3 (2019), S. 402–424.

70 Vgl. Zickfeld et al.: Kama muta.

71 Vgl. ebd.

72 Vgl. Fox, Kieran C. R. / Andrew-Hanna, Jessica R. / Mills, Caitlin et al.: Affective neuroscience of self-generated thought. In: Annals of the New York Academy of Sciences 1426.1 (2018), DOI:10.1111/nyas.13740.

73 Vgl. Kast, Verena: Vom Sinn des Ärgers. Anreiz zur Selbstbehauptung und Selbstentfaltung. Neuausgabe. Herder, Freiburg im Breisgau 2014.

74 Vgl. Kast, Verena: Abschied von der Opferrolle. Das eigene Leben leben. Neuausgabe. Herder Spektrum, Freiburg im Breisgau 2019.

75 Vgl. Kast, Verena: Wenn wir uns versöhnen. Kreuz, Stuttgart 2005.

76 Vgl. Uhle, Christian: Reines Profitstreben ist ein Auslaufmodell. In Deutschlandfunk Kultur, 13.9.2019. https://www.deutschlandfunkkultur.de/unternehmensstrategien-reines-profitstreben-ist-ein.1005.de.html?dram:article_id=458605 [Zugriff: 29.9.2021].

77 Vgl. Raitner, Marcus: Führen mit Sinn und Vertrauen. 16.3.2018. https://fuehrung-erfahren.de/2018/03/fuehren-mit-sinn-und-vertrauen [Zugriff: 29.9.2021].

78 Vgl. Panksepp/Biven: The Archaeology of Mind, S. 437.

79 Odell, Jenny: Nichts tun. Die Kunst, sich der Aufmerksamkeitsökonomie zu entziehen. C. H. Beck, München 2021.

80 Ebd., S. 186.

81 Vgl. ebd., S. 243.

82 Ebd., S. 198.

83 Ebd.

Literatur

Afanasjew, Alexander Nikolajewitsch: Russische Volksmärchen. In Neuer Übertragung von Swetlana Geier. Winkler, München 1985.

Bauman, Zygmunt: Retrotopia. Suhrkamp, Berlin 2017.

Bloch, Ernst: Das Prinzip Hoffnung. Band 1. Suhrkamp, Frankfurt am Main 1959.

Bowlby, John: Attachment and Loss. Bd. 1: Attachment. The Hogarth Press, London 1969.

Bregmann, Rutger: Im Grunde gut. Eine neue Geschichte der Menschheit. Rowohlt, Reinbek bei Hamburg 2021.

Centorrino, Samuele: Honest signaling in trust interactions: Smiles rated as genuine induce trust and signal higher earning opportunities. In: Evolution and Behavior 36.1 (2015), S. 8–16.

Erikson, Erik H.: Der vollständige Lebenszyklus. Suhrkamp Taschenbuch Wissenschaft, Frankfurt am Main 1988.

Fiske, Alan Page: Kama Muta: Discovering the Connecting Emotion. Routledge, London 2019.

Fiske, Alan Page / Seibt, Beate / Schubert, Thomas: The sudden devotion emotion: Kama Muta and the cultural practices to evoke it. In: Emotion Review 11.1 (2019), S. 74–86.

Fonagy, Peter: Bindungstheorie und Psychoanalyse. Klett-Cotta, Stuttgart 2003.

Fox, Kieran / Koroma, Matthieu: Wandering along the spectrum of spontaneous thinking: dreaming, meditation, mind-wandering, and well-being. An interview with Kieran Fox. In: ALIUS Bulletin 2 (2018), S. 1–15.

Fox, Kieran C. R. / Andrew-Hanna, Jessica R. / Mills, Caitlin et al.: Affective neuroscience of self-generated thought. In: Annals of the New York Academy of Sciences 1426.1 (2018), DOI:10.1111/nyas.13740.

Fukuyama, Francis: Identität. Wie der Verlust der Würde unsere Demokratie gefährdet. Hoffmann und Campe, Hamburg 2019.

Fukuyama, Francis: Social capital, civil society and development. In: Third World Quarterly 22.1 (2001), S. 7–20.

Fukuyama, Francis: Trust: The Social Virtues and the Creation of Prosperity. Human Nature and the Reconstitution of Social Order. Free Press, New York 1995.

Hartmann, Martin: Vertrauen. Die unsichtbare Macht. S. Fischer, Frankfurt am Main 2020.

Honneth, Axel: Kampf um Anerkennung. Zur moralischen Grammatik sozialer Konflikte. Suhrkamp Taschenbuch, Frankfurt am Main 1994.

Jung, C. G.: Definitionen (1921). In: GW 6: Psychologische Typen. Hg. von Marianne Niehus-Jung / Lena Hurwitz-Eisner / Franz Riklin / Leonie Zander. Sonderausgabe. 5. Aufl. Edition C. G. Jung im Patmos Verlag, Ostfildern 2021, §§ 672–844.

Jung, C. G.: Der Kampf mit dem Schatten (1946). In: GW 10: Zivilisation im Übergang. Hg. von Lilly Jung-Merker / Elisabeth Rüf. Sonderausgabe 6. Aufl. Edition C. G. Jung im Patmos Verlag, Ostfildern 2021, §§ 444–457.

Jung, C. G.: Die Probleme der modernen Psychotherapie (1929). In: GW 16: Praxis der Psychotherapie. Beiträge zum Problem der Psychotherapie und zur Psychologie der Übertragung. Hg. von Marianne Niehus-Jung / Lena Hurwitz-Eisner / Franz Riklin / Leonie Zander. Sonderausgabe. 3. Aufl. Edition C. G. Jung im Patmos Verlag, Ostfildern 2011, §§ 114–174.

Jung, C. G.: Über die Psychologie des Unbewußten (1943). In: GW 7: Zwei Schriften über Analytische Psychologie. Hg. von Marianne Niehus-Jung / Lena Hurwitz-Eisner / Frank Riklin / Leonie Zander. Sonderausgabe. 6. Aufl. Edition C. G. Jung im Patmos Verlag, Ostfildern 2021, §§ 1–201.

Kast, Verena: Abschied von der Opferrolle. Das eigene Leben leben. Neuausgabe. Herder Spektrum, Freiburg im Breisgau 2019.

Kast, Verena: Die Blume des Glücks und andere Märchen von Autonomie und Selbstbestimmung. 2. Aufl. Patmos, Ostfildern 2013.

Kast, Verena: Freude, Inspiration, Hoffnung. 6. Aufl. Patmos, Ostfildern 2013.

Kast, Verena: Immer wieder mit sich selber eins werden. Identität und Selbstwert entwickeln in einer komplexen Welt. Patmos, Ostfildern 2018.

Kast, Verena: Liebe im Märchen. Walter, Olten 1992.

Kast, Verena: Nostalgie und Aufbruch. Von der Lust, die Welt zu gestalten. Herder, Freiburg im Breisgau 2019.

Kast, Verena: Der Schatten in uns. Die subversive Lebenskraft. 4. Auflage der Neuausgabe. Patmos, Ostfildern 2021.

Kast, Verena: Vom Sinn des Ärgers. Anreiz zur Selbstbehauptung und Selbstentfaltung. Neuausgabe. Herder, Freiburg im Breisgau 2014.

Kast, Verena: Vom Vertrauen in das eigene Schicksal. Der Teufel mit den drei goldenen Haaren. Kreuz, Stuttgart 2008.

Kast, Verena: Wenn wir uns versöhnen. Kreuz, Stuttgart 2005.

Kast, Verena: Wi(e)der Angst und Hass. Das Fremde als Herausforderung zur Entwicklung. Patmos, Ostfildern 2017.

Kinder- und Hausmärchen. Gesammelt durch die Brüder Grimm. Winkler, München 1949.

Kunst, Laura E. / Maas, Joyce et al.: Autonomy deficits as vulnerability for anxiety: Evidence from two laboratory based studies. In: Anxiety, Stress & Coping 32.3 (2019), S. 244–258.

Luhmann, Niklas: Familiarity, confidence, trust: Problems and alternatives. In: Diego Gambetta (Hg.): Trust: Making and Breaking Cooperative Relations. Blackwell, Oxford 2000, S. 94–107.

Luhmann, Niklas: Vertrauen. Ein Mechanismus der Reduktion sozialer Komplexität (1968). 5. Aufl. UVK, Konstanz 2014.

Luther, Martin: Von der Freiheit eines Christenmenschen. https://www.freiheit2017.net/fileadmin/mediapool/gemeinden/E_freiheit2017/Freiheit_PDF.pdf [Zugriff: 29.9.2021].

Marcel, Gabriel: Werkauswahl. Band 1: Hoffnung in einer zerbrochenen Welt? Vorlesungen und Aufsätze. Eingel. u. hg. von Peter Grotzer. Schöningh, Paderborn 1992.

Marquard, Odo: Ende des Schicksals? Einige Bemerkungen über die Unvermeidlichkeit des Unverfügbaren. In: ders.: Abschied vom Prinzipiellen. Philosophische Studien. Reclam, Stuttgart 1981, S. 67–90.

Menninghaus, Winfried / Wagner, Valentin / Hanich, Julian et al.: Towards a psychological construct of being moved. In: PLoS ONE 10.6 (2015), e0128451. doi.org/10.1371/journal.pone.0128451.

Odell, Jenny: Nichts tun. Die Kunst, sich der Aufmerksamkeitsökonomie zu entziehen. C. H. Beck, München 2021.

Panksepp, Jaak: Affective Neuroscience. The Foundations of Human and Animal Emotions. Oxford University Press, Oxford 1998.

Panksepp, Jaak / Biven, Lucy: The Archaeology of Mind. Neuroevolutionary Origins of Human Emotions. Norton, New York 2012.

Raitner, Marcus: Führen mit Sinn und Vertrauen. 16.3.2018. https://fuehrung-erfahren.de/2018/03/fuehren-mit-sinn-und-vertrauen [Zugriff: 29.9.2021].

Schütz, Astrid: Psychologie des Selbstwertgefühls. Von Selbstakzeptanz bis Arroganz. Kohlhammer, Stuttgart 2000.

Seneca, L. Annaeus: Philosophische Schriften. Bd. 3: Ad Lucilium epistulae morales I–LXIX: An Lucilius, Briefe über Ethik 1–69. Hg. von Manfred Rosenbach. Wissenschaftliche Buchgesellschaft, Darmstadt 1999.

Stern, Daniel N.: Die Lebenserfahrung des Säuglings. Klett-Cotta, Stuttgart 1992.

Sterpenich, Virginie / Perogamvros, Lampros et al.: Fear in dreams and in wakefulness: Evidence for day/night affective homeostasis. In: Hum Brain Mapp 41.3 (2020), S. 840–850.

Uhle, Christian: Reines Profitstreben ist ein Auslaufmodell. In Deutschlandfunk Kultur, 13.9.2019. https://www.deutschlandfunkkultur.de/unternehmensstrategien-reines-profitstreben-ist-ein.1005.de.html?dram:article_id=458605 [Zugriff: 29.9.2021].

Winnicott, Donald W.: Reifungsprozesse und fördernde Umwelt. 3. Auflage der unveränderten Neuauflage 2001 der deutschen Erstausgabe 1974. Psychosozial-Verlag, Gießen 2020.

Winnicott, Donald W.: Vom Spiel zur Kreativität. 2. Aufl. Klett-Cotta, Stuttgart 1979.

Zickfeld, Janis H. / Schubert, Thomas W. / Seibt, Beate / Blomster Lyshol, Johanna Katarina: Kama muta: Conceptualizing and measuring the experience of being moved across 19 nations and 15 languages. In: Emotion 19.3 (2019), S. 402–424.

Ziegenhain, Ute: Kapitel 5: Sichere mentale Bindungsmodelle. In: Gloger-Tippelt, Gabriele (Hg.): Bindung im Erwachsenenalter. Ein Handbuch für Forschung und Praxis. 2., überarbeitete und ergänzte Auflage. Huber, Bern 2012, S. 151–172.